AF561238

Ingrid Decker   Jüdisches Exil

Ingrid Decker

Jüdisches Exil

in Mexiko
und der Dominikanischen Republik
1923–2010

Unter Mitarbeit von Marie-Elisabeth Rehn
herausgegeben von Erhard Roy Wiehn
Hartung-Gorre Verlag Konstanz

Umschlag-Titelfoto: Synagoge von Polanco/Mexiko-City (Foto: Ingrid Decker); Rückseite: Hans Neumanns Ernennung zum Mitarbeiter im nationalen Gesundheitslabor, unterschrieben von Präsident Trujillo (Privatarchiv Hans Heumann); Herstellung: Libri Plureos GmbH, Hamburg.

Bibliografische Information der Deutschen Nationalbibliothek
Die Deutsche Nationalbibliothek verzeichnet diese Publikation in der Deutschen Nationalbibliografie; detaillierte bibliografische Daten sind im Internet über **https://dnb.dnb.de** abrufbar.

2. erweiterte Auflage 2025, 2011[1]
Hartung-Gorre Verlag Konstanz Germany
ISBN 3-86628- 364-4 u. 978-3-86628-364-0

Inhalt

Ingrid Decker: Wiener Kaffeehauskultur in Mexiko 7
Marie-Elisabeth Renn: Zuflucht in Mexiko und der Karibik 9
Erhard Roy Wiehn: "Heimat abroad" - Heimat im Ausland 13

Ingrid Decker: JüdischesExil 15

Jüdisches Exil in Mexiko 15
Zur Asylpolitik in Mexiko 15
Zeitzeugen in Mexiko 18
Max Daniel Halpert aus Budapest (geb. 1924) 18
Dr. med. Ruth Deutsch Lechuga aus Wien (1920-2004) 28
Dr. med. Martha Winkler aus Ungarn (1918-2010) 36
Gertrude Biller aus Ungarn (1918-2002) 39
Carlos (Karl) Gimbel aus Mannheim (geb. 1920) 43

Jüdisches Exil in der Dominikanischen Repubik 45
Zur Geschichte der Emigrantenkolonie Sosua 45
Zeitzeugen in Sosua 50
Hans Neumann aus Graz (1910-2005) 50
Elisabeth Koch Thau aus Wien (1918-2004) 58
Luis Hess aus Erfurt (1908-2010) 79

Das Theresienstadter Kochbuch der Mina Pächter in Mexiko 85
Ein Nachmittag bei Paula Bizberg 90
Literatur 98

Ingrid Decker 100
Marie-Elisabeth Rehn 100
Herausgeber 101

Prof. Wiehn möchte ich herzlich dafür danken, dass er sich meiner Texte angenommen hat, die jahrelang niemanden interessierten. Mein ganz besonderer Dank gilt Frau Dr. Elisabeth Rehn, die in mühevoller Arbeit meine Manuskripte zu dem gemacht hat, was sie jetzt sind, denkwürdige Zeitzeugen-Berichte. Nicht zuletzt danke ich Dr. Renata von Hanffstengel, ehemals Professorin der mexikanischen Universität UNAM, die mir über viele Jahre mit Rat und Tat zur Seite stand. - Ingrid Decker, im November 2010

Mexiko und die karibischen Inseln (Dr. Marie-Elisabeth Rehn)

Puerto Plata, Dominikanische Republik (Foto: Ingrid Decker)

Ingrid Decker

Wiener Kaffeehauskultur in Mexiko

Anfang Mai 1996 machten mein Mann und ich uns mit vielen Ideen und Vorsätzen im Gepäck auf den Weg nach Mexiko: Es sollte der letzte Auslandsposten vor seiner Pensionierung sein; für ihn waren es 35 Jahre des Herumziehens durch die verschiedensten Länder der Welt, für mich 25 Jahre. Da die Kinder in Europa studierten, bedeutete dieser "kinderlose" Aufenthalt zwar auf der einen Seite mehr Freiheit, andererseits würde es schwieriger werden, ohne die zwangsläufige Begegnung mit anderen Eltern Anschluss auf gesellschaftlicher Ebene zu finden. Da mir dies bei der Abreise bewusst war, fuhr ich mit festen Plänen und Vorsätzen in unsere neue Heimat auf Zeit. Ich wollte mich mit der Archäologie und den alten Kulturen Mittel-Amerikas beschäftigen. Doch dann kam alles ganz anders.

Bereits 1982 hatte ich damit begonnen, mich mit Schicksalen jüdischer Exilantinnen und Exilanten zu befassen und war eigens von meinem damaligen Wohnsitz auf der Karibik-Insel Puerto Rico zu einem Interview mit Elisabeth (Elli) Koch Thau (S.58 ff.) in die Dominikanische Republik gereist. Vage entstand bald der Plan, die Lebensgeschichten jüdischer Zeitzeugen festzuhalten, solange sie noch am Leben waren. Die Zeit drängte. Mich hatte die Cellistin Anita Lasker-Wallfisch[11] beeindruckt, die den Holocaust überlebt und in einem Interview gesagt hatte, dass sie wütend auf die Menschen ihrer Umgebung war, die sie jahrzehntelang nicht gefragt hatten, was damals geschah.

In meiner neuen Wohngegend in Mexiko-City (1996 – 2001) lebten viele Menschen jüdischer Herkunft, in Polanco gab es zwei Synagogen. Am Samstag sah man die Tempelgänger in schwarzen Mänteln mit ihren traditionellen Hüten und manchmal sogar mit Schläfenlocken zur Synagoge eilen.

Im französischen Viertel unserer "Colonia" Polanco befand sich das gemütliche Café "Snob", wo sich täglich betagte Damen trafen, die kaum alleine gehen konnten und deshalb von ihren "Muchachas“

---

[1] Geb. 1925 in Breslau, Überlebende des Mädchenorchester in Auschwitz; Anita Lasker-Wallfisch, Ihr sollt die Wahrheit erben. (1997) Reinbek 2007; dies. Versöhnung und Politik. Bonn 2009.

– den Hausangestellten – ins Café begleitet und später wieder abgeholt wurden. Hier saßen sie, die über 80-jährigen Damen, elegant gekleidet, gut frisiert, die beringten Hände bestens gepflegt, es fehlte weder an grellrotem Nagellack noch an Wangenrouge oder Lippenrot. Wenn sie Jiddisch miteinander sprachen, fand ich das recht amüsant und konnte sie gut verstehen. Meistens jedoch unterhielten sie sich auf Spanisch. Einmal habe ich sogar erlebt, dass sich jüngere jüdische Frauen in fünf verschiedenen Sprachen unterhielten: Sie parlierten spanisch, gingen über ins Englische, vom Französischen ins Portugiesische und Jiddische. Deutsch habe ich nie jemanden sprechen gehört, obwohl etliche Kaffeehausbesucher aus Deutschland oder Österreich stammten, für die die Atmosphäre im Café so etwas wie eine letzte Verbindung zum alten Europa war, quasi die Nabelschnur zu ihrer ehemaligen Heimat. Einige Häuser weiter im französischen Viertel befand sich ein anderes Café, wo sich die älteren Herren jüdischer Herkunft trafen, die ganz sicher nicht zu den Frauen im Café "Snob" gehörten.

Wenig später lernte ich in Miami den freiwilligen Mitarbeiter der Schoáh-Stiftung[22], Mr. Neumann, kennen, der als 11- oder 12-jähriger nach Amerika gekommen war und noch heute dem Land und den Menschen dankbar ist, die ihn aufgenommen hatten. Darum war es für ihn eine Selbstverständlichkeit, sich am Spielberg-Projekt zu beteiligen. Den Kostenaufwand hatten die freiwilligen Mitarbeiter aus eigener Tasche zu bestreiten. Von Mexiko aus nahm ich 1996 am Shoh-Interview mit Elli Koch in Miami teil, die ich bereits 1982 in der Dominikanischen Republik kennengelernt hatte, und die mir ausführlich aus ihrem Leben erzählt hatte

Anschließend kam mir in den Sinn, dass ich diese Art von Arbeit auch in Mexiko machen könnte. Die folgenden Lebensgeschichten habe ich in einem Zeitraum von fünf Jahren aufgeschrieben. Durch mehr oder weniger regelmäßige Besuche waren mir die befragten Menschen am Ende meines Aufenthaltes in Mexiko sehr vertraut. Mittlerweile sind fast alle verstorben.

---

[2] Die Shoah Foundation (Survivors of the Shoah Visual History Foundation genannt) ist eine 1994 von dem US-amerikanischen Regisseur Steven Spielberg gegründete gemeinnützige Organisation in den USA, die weltweit und in großem Umfang Video-Augenzeugenberichte von Überlebenden des Holocaust sammelt.

Marie-Elisabeth Rehn

Zuflucht in Mexiko und der Karibik

Als Adolf Hitler im Januar 1933 in Deutschland an die Macht kam, lebten etwa 525.000 Juden in Deutschland. Bereits im Juni 1933 waren es nur noch 500.000. Besonders Hellhörige, vorwiegend Akademiker, Künstler und Funktionäre des linken Parteienspektrums wurden von der ersten Emigrationswelle erfasst und verließen das Land. Anlässlich des Erlasses der Nürnberger Gesetze 1935 und nach der sogenannten "Reichskristallnacht" im November 1938 versuchten weitere deutsche Jüdinnen und Juden, sich durch die Flucht ins Ausland zu retten.

Während 1933 noch 74% der Emigranten ins europäische Ausland - nach Frankreich, in die Niederlande oder in die Tschechoslowakei - flohen, stieg der Anteil der Flüchtlinge in überseeische Länder ab 1937 auf 69%. Endlich wurden nach quälend langen Wartezeiten spärliche Visa erteilt. Neben den USA wandten sich die Flüchtlinge vor allem nach Argentinien, Brasilien, Uruguay, Kolumbien oder Chile. Sogar bis nach Fernost in das japanisch besetzten Schanghai gingen die Flüchtlingsströme.[3] Insgesamt verließen bis 1938 etwa 187.000 Jüdinnen und Juden ihre deutsche Heimat. Genaue Zahlen gibt es nicht, denn es gibt keine offiziellen Statistiken.[4]

Nach dem "Anschluß" Österreichs an das Deutsche Reich am 12. März 1938 und der "Rest-Tschechei" am 15. März 1939 sowie vor allem nach Kriegsbeginn am 1. September 1939 breitete sich die Judenverfolgung durch die Nationalsozialisten zusammen mit dem Vorrücken der deutschen Wehrmacht weiter aus.

Die meisten Flüchtlinge, die den deutschen Einflussbereich verließen, waren nicht wohlhabend. Mit Hilfe der "Reichsfluchtsteuer" wurden auswandernde Juden überdies noch gehörig geschröpft. Selbst Vermögende behielten von ihrem Guthaben etwa nur noch 4

---

[3] Dazu Wolfgang Hadda, Knapp davongekommen – Von Breslau nach Schanghai und San Francisco. Jüdische Schicksale 1920–1947. Konstanz 1997; Jerry Lindenstraus, Eine unglaubliche Reise – Von Ostpreußen über Schanghai und Kolumbien nach New York 1919–1999. Konstanz 1999; Evelyn Pike Rubin, Ghetto Schanghai – Von Breslau nach Schanghai und Amerika. Erinnerungen eines jüdischen Mädchens damals. Konstanz 2002; siehe auch Literatur Seite 90 f. (*Alle Fußnoten stammen von den Herausgebern.*)

[4] Rolf Vogel, Ein Stempel hat gefehlt. München u. Zürich 1977, S. 40 ff.

bis 6%, so dass sie sich im Ausland nur mit Mühe eine Existenz aufbauen konnten.

Auf die steigende antijüdische Agitation in Deutschland gab es Reaktionen im Ausland. Vom 6. bis 15. Juli 1938 kam es durch die Initiative des US-Präsidenten Franklin D. Roosevelt zur internationalen Flüchtlingskonferenz im französischen Kurort Evian. 32 Staaten beteiligten sich, es kam jedoch fast nur zu unverbindlichen Absichtserklärungen für ein umfassendes Hilfsprogramm.

Es ist qualvoll nachzulesen, wie zögernd Reaktionen auf die Nachrichten der ersten planvollen Ausrottungsaktionen im von Deutschland okkupierten Polen einsetzten. Selbst Nachrichten, die von couragierten, glaubwürdigen Zeugen stammten, wurden im Jahr 1942 absichtlich unter den Tisch gekehrt,[5] z.B. über das Massaker von Kiew-Babij-Jar.[6]

Die hier gesammelten Zeitzeugenberichte betreffen die ersten Phase der Hitlerschen Judenpolitik: die "Endlösung" durch Auswanderung bzw. Vertreibung.[7] Während alle Teilnehmerländer in Evian sich weigerten, vermehrt Juden aus Europa aufzunehmen, weil sie entweder keine Kaufleute und Intellektuelle als Flüchtlinge (Lateinamerika) oder weil sie kein "Rassenproblem importieren" wollten (Australien), zeigte sich lediglich der Diktator Rafael Leónidas Trujillo Molina (1891–1961) aufgeschlossener: Die Dominikanische Republik erklärte sich bereit, bis zu 100.000 Einwanderer aufzunehmen. Tatsächlich waren es dann nur einige hundert Juden, die auf regierungseigenen Grundstücken der Insel mit finanzieller Unterstützung des American Jewish Joint Distribution Committee[8] angesiedelt werden konnten[9].

....

[5] David S. Wyman, Das unerwünschte Volk. Amerika und die Vernichtung der europäischen Juden. Frankfurt am Main 2000.

[6] Dazu Heinz Roschewski, "Babij Jar und die Schweiz im Jahre 1943", in: Erhard Roy Wiehn (Hg.), Babij Jar 1941 – Das Massaker deutscher Exekutionskommandos an der jüdischen Bevölkerung von Kiew 60 Jahre danach zum Gedenken. Konstanz 2001, S. 135.

[7] Magnus Brechtken, "Madagaskar für die Juden". Antisemitische Idee und politische Praxis 1885–1945. München 1998.

[8] Eine 1914 gegründete Hilfsorganisation amerikanischer Juden.

[9] Yehuda Bauer, Freikauf von Juden? Verhandlungen zwischen dem nationalsozialistischen Deutschland und jüdischen Repräsentanten von 1933 bis 1945. Frankfurt am Main 1996, S. 54 ff.

Mexiko unterschied sich in Evian nicht von den Ländern, die sich eher zurückhaltend gegenüber Rettungsaktionen für verfolgte Juden verhielten. Der mexikanische Konsul in Frankreich, Gilberto Bosques (Foto S. 17), war es jedoch, dem zahllose politisch und nach der Nazi-Ideologie "rassisch" verfolgte Emigranten aus Europa die Möglichkeit zur Einreise nach Mexiko verdankten.

*

Die Autorin Ingrid Decker ist während eines mehrjährigen Aufenthalts in Mexiko und der Karibik voller Staunen auf Menschen gestoßen, die ein reges und im amerikanischen Raum weitverzweigtes kulturelles Leben führten, aus dem die mitteleuropäischen Wurzeln nicht wegzudenken waren. Viele Jahre lang hat sie diesen Menschen zugehört und Freundschaften geschlossen. Ingrid Decker ist keine Historikerin, darum fällt ihre Wiedergabe der Gespräche mit ihren Interviewpartnern erfrischend unroutiniert aus. Das Resultat sind Zeitzeugenberichte, die von großem Einfühlungsvermögen zeugen und ein breites Spektrum von Einzelschicksalen umfassen.

Da ist Max Daniel Halpert (Foto S. 18) aus Budapest, der als Jugendlicher nach Bergen-Belsen verschleppt wurde, und sich nach dem Krieg in Ungarn nicht mehr zurechtfand. Verwandte sorgten dafür, dass ihm die Einreise nach Mexiko erlaubt wurde.

Liebevoll hat die Autorin das Leben der Wienerin Dr. med. Ruth Deutsch (S. 36) nachgezeichnet, die mit ihren Eltern kurz vor Ausbruch des Krieges nach Mexiko gelangte und dort zu einer ausgezeichneten Kennerin mexikanischer Volkskultur wurde.

Die Ungarin Dr. med. Martha Winkler (S. 38) begleitete ihre Eltern schon 1923 nach Mexiko. Bei einem Besuch in Europa 1937 sah sie ihre ungarischen Verwandten zum letzten Mal. Niemand aus der Verwandtschaft hatte den Holocaust überlebt.

Gertrude Biller (S. 42), die in Wien aufwuchs, geriet während der Kriegswirren über die Schweiz nach Frankreich, wo sie sich versteckt hielt. Um ihren bösen Erinnerungen zu entkommen, emigrierte sie nach dem Krieg mit ihrem Ehemann nach Mexiko.

Der kurze Bericht über Carlos und Ellen Gimbel (S. 44) ist ein beredtes Zeugnis dafür, wie das Gedächtnis funktionieren kann, wenn einem Fremden hochdramatische Geschehnisse einigermaßen plausibel und dennoch anschaulich wiedergegeben werden müssen.

Der gebürtige Grazer Hans Neumann (S. 58) gelangte 1941 über die Schweiz mit Hilfe des "Joint" in die Dominikanische Republik und gehörte zu den ersten Siedlern in Sosua. Der Diktator Trujillo nahm den Chemiker in seinen Hofstaat auf, und Hans Neumann konnte sich nur durch Flucht nach Mexiko dem Druck seines "Arbeitgebers" entziehen.

Die Österreicherin Elisabeth (Elli) Koch Thau (S. 59 u. 77) hat die Kriegsjahre in Frankreich überlebt und gründete nach dem Krieg eine neue Existenz in der Dominikanischen Republik. Zwischen ihr und Ingrid Decker ist ein enges Verhältnis entstanden, und die Autorin konnte sich dem Bann der Berichterstatterin nicht entziehen: Manche Details des wiedergegebenen Lebenslaufs hätten jedoch hinterfragt werden müssen.

Mit den Erinnerungen des Erfurters Luis Hess (S. 83) wird der Kreis der Lebensläufe geschlossen. Der Ehrenbürger Sosuas, der einstigen jüdischen Kolonie in der Dominikanischen Republik, feierte 2008 seinen 100. Geburtstag.

Den Abschluß dieses Mosaiks von Biographien bildet die Geschichte des Kochbuchs aus Theresienstadt. Hier wird die Entdekkerfreude der Autorin deutlich, die dieses anschauliche Zeugnis der entsetzlichen Vergangenheit zutiefst berührt hat.

Im November 2010

Memorial am Friedhof von Theresienstadt (Foto: Roy Wiehn)

Erhard Roy Wiehn

"Heimat abroad" – Heimat im Ausland

Unsere *Edition Schoáh & Judaica*[10] umfaßt im Herbst 2010 mehr als 230 Titel und dokumentiert jüdische Überlebens- und Nichtüberlebens-Schicksale in und aus mehr als 20 Ländern, darunter China (Schanghai), die ehemalige Sowjetunion und die USA, und zwar als unser Beitrag zur Geschichte und Soziologie des 20. Jahrhunderts für das 21. Jahrhundert. Diese Sammlung wird nun erfreulicherweise um die Exil-Länder Dominikanische Republik und Mexiko erweitert und bereichert.

Auch nach Jahrzehnten bleibt es dabei bemerkenswert, dass die Dominikanische Republik unter dem rechtsgerichteten Diktator Rafael Leónidas Trujillo Molina (1891-1961) und Mexiko unter dem linksgerichteten Präsidenten Làzaro Cárdenas del Rio (1885-1970) im Unterschied zu fast allen anderen Staaten der Welt seinerzeit eine gewisse Menschlichkeit übten und die Türen ihrer Länder für jüdische Flüchtlinge aus Europa offiziell wie inoffiziell[11] spürbar öffneten, als niemand diese Menschen haben wollte, obwohl es ganz klar um Leben oder Tod ging. Angesichts dessen, dass damit tatsächlich viele Menschenleben gerettet wurden, erscheint es völlig unwichtig, ob seitens der verantwortlichen Staatsführer auch ein gewisser Eigennutz im Spiel war oder nicht.

Die Autorin Ingrid Decker lässt hier acht jüdische Überlebende zu Wort kommen, vier Frauen und vier Männer, je drei aus Österreich und Ungarn sowie zwei aus Deutschland. Fünf lebten in Mexiko-City, drei in der Emigrantenkolonie Sosua[12] in der Dominikanischen

---

[10] Im Hartung-Gorre Verlag, Konstanz.

[11] Die großzügige Visa-Erteilung durch den mexikanischen Konsul und Botschafter Gilberto Bosques (1892–1995) in Marseilles/Vichy-Frankreich (dazu zahlreiche Einträge im Internet, Foto S. 17).

[12] Die Stadt Sosua mit ca. 20.000 Einwohnern an der Nordküste der Insel der Dominikanischen Republik westlich von Kuba ist heutzutage durch eine enorme Anzahl von Einträgen im Internet vertreten, und zwar vor allem mit Touristenwerbung als Urlaubsparadies einschließlich Nachtleben ("Sosua-Wikipedia, -Grundstücke, -Hotels, -Nachrichten, -Schnäppchen, -Sprachreisen, -Strand, -Urlaub, -Videos", etc.), aber auch mit erstaunlich vielen hier relevanten Hinweisen

Republik. Eine Frau kam schon als Kind mit ihren Eltern in den frühen 1920er Jahren nach Mexiko, vier kamen als Emigranten während des Zweiten Weltkriegs in ihre Exilländer und drei erst mehr oder weniger lange nach dem Ende des Zweiten Weltkriegs. Es handelt sich also um eine recht kleine, aber durchaus vielfältige Sammlung von jüdischen Überlebensschicksalen, manche in Form von ausführlichen und detaillierten Lebensgeschichten, die es in sich haben, andere sind sehr knapp gehalten, wobei man überdies noch relevante Daten vermissen muss. Angesichts dessen jedoch, dass es bis jetzt überhaupt erstaunlich wenig deutschsprachige Literatur zum Thema *Jüdisches Exil in Mexiko und der Dominikanischen Republik,* in der Karibik, Mittel- und Südamerika[13] gibt,[14] zählt sicherlich jede einzelne Überlebensspur und sei sie auch noch so bescheiden. - Die Menschen von Sosua in der Dominikanischen Republik hatten ihre Siedlung in einer ebenso stolzen wie melancholischen Wendung und fast schon ein wenig paradox "Heimat abroad" - "Heimat im Ausland" - "Heimat draussen" - genannt: Es ist wirklich schade, dass wohl nur zwei der hier verewigten jüdischen Überlebenden die vorliegende Publikation erleben kann, Max Daniel Halpert (Foto S. 18) und Carlos (Karl) Gimbel (S. 44). Erinnertwerden bleibt jedoch Opferrecht. *Jüdisches Exil in Mexiko und der Dominikanischen Republik* erscheint also inzwischen als eine Art "Kaddisch".[15]

Ingrid Decker ist für ihre schon vor Jahren begonnene Erinnerungsarbeit herzlich zu danken und ebenso dafür, dass sie diese unserem Lektorat anvertraut hat, aber auch Dr. phil. Marie-Elisabeth Rehn einmal mehr nicht nur für ihre außerordentlich engagierte Editionsarbeit, sondern auch für ihr gelungenes Vorwort. Was aufgeschrieben, veröffentlicht und in einigen Bibliotheken der Welt aufgehoben ist, wird hoffentlich nicht so schnell vergessen, damit vielleicht daraus gelernt werden kann.

10. Dezember 2010

---

in englischer und deutscher Sprache wie etwa: "The Dominican Republic's Haven for Jewish Refugees" - "Sosua - eine jüdische Siedlung in der Karibik".

[13] Dazu Erwin Rath u. Hans-Hermann Seiffert, Literatur Seite 91.

[14] Siehe dazu Susanne Heim u. Hans-Ulrich Dillmann, Fluchtpunkt Karibik. Jüdische Emigranten in der Dominikanischen Republik. Berlin 2009.

[15] Das traditionelle jüdische Totengebet.

Ingrid Decker

Jüdisches Exil

in Mexiko und der Dominikanischen Republik

Jüdisches Exil in Mexiko

Zur Asylpolitik in Mexiko

Während die Welt Ende der 1930er Jahre die Augen vor den jüdischen Flüchtlingsströmen aus Europa verschloss, gehörte Mexiko - neben der Dominikanischen Republik - zu den ganz wenigen Staaten, die ohne hohe Einreise-Gebühr Asylanten ins Land ließen. Diese eigentlich natürliche und selbstverständliche menschliche Geste hatten sie dem damaligen mexikanischen Präsidenten Làzaro Cárdenas del Rio (1885–1970) zu verdanken.

Obwohl die Einreiseregulierung sehr restriktiv war, erhielten politisch verfolgte Menschen - vor allem aus dem linken Parteienspektrum - Asyl in Mexiko. Diese Toleranz kam dem staatenlosen Flüchtling Leo Trotzki zugute, der im Januar 1937 nach vielen Jahren des Exils - auf Fürsprache des Malers Diego Rivera (1886–1957) - in Mexiko einreisen konnte. Viele prominente Künstler wie Anna Seghers (1900–1983), Lenka Reinerova (1916–2008) oder Egon Erwin Kisch (1885–1948) haben während des Zweiten Weltkriegs Zuflucht in Mexiko gefunden.[16]

Wegen seiner Sozialpolitik war Cárdenas besonders bei der Landbevölkerung beliebt. Er verwirklichte die Versprechungen der Revolution von 1910–1917. Es kam zu größeren Agrarreformen, und die Herrschaft der Großgrundbesitzer wurde gebrochen. Ab dem Jahr 1937 wurden Zug um Zug die nationale Eisenbahngesellschaft, die

---

[16] Eckart Wossidlo, "Vorstellung des Buches Mexiko, das wohltemperierte Exil. März 1996", in: Anuario del Instituto de Investigaciones Interculturales Germano-Mexicanas A.C., Vol. V. 1996–1998, S. 106–108.

bis dahin in ausländischem Besitz war, dann die Erdölindustrie und die Elektrizitätswerke verstaatlicht. Cárdenas unterstützte auch die Gewerkschaften. Als am 12. März 1938 der "Anschluss" Österreichs an das Deutsche Reich inszeniert wurde, protestierte Mexiko offiziell als einziger Staat gegen diesen aggressiven Akt.

Für die Rettung vieler Tausender Menschen aus Europa gebührt jedoch einem Mann ganz besonderer Dank, dem damaligen Konsul der mexikanischen Vertretung in Marseille, Gilberto Bosques[17]. Seiner eigenen Schätzung nach stellte er ca. 10.000 Visa aus, die jedoch nicht alle Verwendung fanden. Von 1939 bis 1942 erreichten durch ihn immerhin ca. 6.000 Flüchtlinge ihre neue Heimat Mexiko.

Gilberto Bosques war vom 1. Januar 1939 bis Juni 1942 mexikanischer Konsul in Frankreich. Er rettete nicht nur deutschen und österreichischen Juden das Leben, sondern auch vielen Spaniern, die vor dem Bürgerkrieg im eigenen Land und der Franco-Diktatur auf der Flucht waren. Als er 1944 mit seiner Familie die Heimreise nach Mexiko antrat und sein Schiff in New York Zwischenstation machte, wurde ihm im Hafen ein triumphaler Empfang bereitet. Eine große Anzahl von Menschen, deren Leben er "nur" durch ein Visum gerettet hatte, war gekommen, um ihm ihre besondere Ehre zu erweisen.

Bei der Ankunft in Mexiko wurde ihm eine geradezu tumultartige Begrüßung zuteil. Menschen verschiedenster Nationalitäten, die er vor den Todeslagern bewahrt hatte, warteten stundenlang auf das Eintreffen ihres Retters. Im November 1993 spendeten deutsche und österreichische Exilantinnen und Exilanten sowie das "Instituto de Investigaciónes Interculturales Germano-Mexicana" dem Botschafter Gilberto Bosques (1892–1995) eine Büste, die am 10. November 1993 im Institut für Asylrecht und Bürgerrechte, dem Museum im Trotzki-Haus, enthüllt wurde.

[17] Erstaunlicherweise gibt es über Gilberto Bosques nur wenige Publikationen. Zum Einstieg in die Thematik: http://www.doew.at/publikationen/exil/reihe-exil/mex-vorwort.html

Gilberto Bosques (1892–1995) (Foto: Ingrid Decker)

Zeitzeugen aus Mexiko

Max Daniel Halpert aus Budapest (geb. 1924)

Max Daniel Halpert, der mir als Erster in Mexiko seine Lebensgeschichte anvertraute, wurde am 19. September 1924 in Budapest geboren. Er war das jüngste von drei Geschwistern. Seine Schwester war sechs und sein Bruder drei Jahre alt, als er geboren wurde. Die Familie lebte bescheiden im jüdischen Viertel von Budapest. Sein Vater war Kantor, die Mutter widmete sich ganz der Familie und dem Haushalt. Sie lebten in einem größeren Mietshaus mit insgesamt etwa 30 Familien.

Es herrschte ein reges geschäftiges Treiben im jüdischen Viertel. Hier waren nicht nur die Lebensmittelgeschäfte koscher[18] , sondern auch der Friseur. Wie Max erklärte, darf nach orthodoxer jüdischer Tradition für die Entfernung der Kopf- und Barthaare kein Rasiermesser benutzt werden.[19] Wer sich also keinen Bart wachsen lassen wollte, musste viel erdulden: Zunächst wurde der Bart mit einer Paste eingerieben, welche die Stoppeln aufweichte, die dann nach einiger Zeit mit einem knöchernen Messer entfernt wurden. Der Klient, der sich unter das Knochenmesser begab, hatte Höllenqualen zu er-

---

[18] "geeignet, tauglich", den jüdischen Speisevorschriften entsprechend.

[19] 3 Mose 19,27.

leiden, und das Schlimme war, man sah ihm das Martyrium nach der Rasur auch an!

Familie Halpert feierte selbstverständlich an jedem Freitagabend gemeinsam den "Erev Schabbat", den Schabbat-Anfang. Die Mutter zündete vor dem gemeinsamen Tempelbesuch zu Hause zwei Kerzen an, danach wurde das Mahl eingenommen. Max Halpert erinnerte sich noch genau, wie er an einem Samstag mit seinem Bruder zu einer Kundgebung der Kommunisten ging. Da die Eltern in Erfahrung gebracht hatten, wo sich die beiden aufhielten, machten sie sich eilends auf den Weg und zogen die Söhne an den Ohren aus dem Saal, in dem sich ca. 100 Leute befanden. Dies war den Brüdern nicht nur äußerst peinlich, sondern auch eine Lehre für die Zukunft. Sie fehlten künftig an keiner Schabbat-Tafel mehr! Achtung, Wertschätzung und Ehrerbietung gehörten damals nicht nur zum Vokabular der Menschen, sondern sie handelten und lebten auch danach, so der eher beschönigende Rückblick Max Halperts auf die sogenannte gute alte Zeit.

Große Synagoge in Budapest (Foto: Klara Strompf)

Seine ältere Schwester besuchte als einzige das Gymnasium, ihr fiel das Lernen leicht, außerdem war sie sehr belesen. Die Brüder waren dafür sportlich sehr aktiv. Sie besuchten die normale Staatsschule und lernten neben Ungarisch auch Deutsch. Wie alle im jüdischen Viertel sprachen die Halperts jiddisch.

Da die Zeiten in den 1930er Jahren nicht rosig waren und die Familie zum Überleben auf zusätzliches Einkommen angewiesen war, schickten die Eltern den 14-jährigen Max in eine Kürschnerlehre. Er wurde bei einem jüdischen Bekannten in der Werkstatt untergebracht. Drei Jahre lang bekam er einen geringen Lohn, der sich jedes Jahr etwas erhöhte. Während dieser Zeit trat er einer kommunistischen Gruppe bei, deren Ideen ihn vollkommen eingenommen hatten. Vor allem war der jugendliche Max von der Idee der Gleichheit aller Menschen begeistert. Voller Enthusiasmus nahm er an den Vorträgen und auch an den Ausflügen der jungen Mitglieder der Vereinigung teil. Die Kommunisten schienen sich gegen den Antisemitismus zu stellen, der damals auch in Ungarn grassierte.

Als die deutsche Wehrmacht am 1. September 1939 Polen überfiel, dachte sich der 15-jährige Max noch nicht viel dabei. Für ihn war Polen weit weg. Während der ersten Kriegsjahre blieben die ungarischen Juden verschont. Aber er wurde trotz seines jugendlichen Alters zusammen mit vielen anderen jüdischen jungen Männern zum nationalen Arbeitseinsatz[20] gezwungen.

Max Halpert berichtete, dass sie zunächst auf Härte getrimmt wurden und mit Hacke und Schaufel Löcher ausheben mussten. Bei dieser Gelegenheit wurden ihnen einmal drei Spritzen gesetzt. Er glaubte fest daran, dass es sich dabei um Impfungen gehandelt haben muss. Die "Verabreicher" der Spritzen waren nicht zimperlich. Dikke Hohlnadeln wurden in den Leib der jungen Arbeiter gerammt, worauf sich ein taubes Gefühl einstellte. Aber was half's? Es musste weitergearbeitet werden.

[20] Über das ungarische Zwangsarbeitssystem siehe Hilberg, Die Vernichtung der europäischen Juden, S. 871 ff.; siehe auch David Guttmann, Schwierige Heimkehr – Leben und Leiden in Ungarn, dann auf der 'Exodus' und zurück über Bergen-Belsen nach Tel Aviv. Jüdische Schicksale 1944–1948. Konstanz 1997; Ioan Gottlieb, Euch werde ich's noch zeigen – Vom Ghetto Baia Mare durch Auschwitz, Mauthausen, Melk und zurück 1929–1945. Aus dem Rumänischen von Sigrun Andree. Konstanz 2006.

Max erinnert sich an Bombenangriffe, nach denen es galt, abgerissene Köpfe, noch warme Beine, Arme oder sonstige Leichenteile aus den Trümmern zu bergen. Irgendwann mußte - koste es, was es wolle - aus einem brennenden Silo Korn gerettet werden. Ein anderes Mal wurden die Jungen gezwungen, sogenannte "Blindgänger" freizulegen, d.h. Bomben, die während des Aufpralls nicht explodiert waren. Wie aber konnten sich diese jungen und unerfahrenen Männer gegen eine Explosion schützen? Es war reine Glückssache, und vorsichtig trugen sie die Erde oft nur mit den bloßen Händen ab. Allerdings war die zweimalige Verpflegung am Tag auf Staatskosten nicht zu verachten. Hier konnten sie sich wenigstens sattessen, und selbst wer ein zweites Mal in der Reihe stand, wurde anstandslos bedient, denn zu Hause waren Lebensmittel rar. So konnte Max Halpert seine Familie als Kostgänger entlasten.

Beim Versuch, von Budapest aufs Land zu fliehen, wurde Max gefasst und deportiert. An den genauen Zeitpunkt konnte er sich allerdings nicht mehr erinnern.[21] Auch er trat eine Reise an, die 10 Tage und Nächte dauerte, und zwar in einem Viehwaggon, den er mit 90 anderen Leidensgenossen teilte. Zufällig hatte er vor der Verhaftung 1 kg Mohn gefunden. Das Päckchen war fein säuberlich verpackt. Den Mohn teilte er mit den Leidensgefährten, aber am Schlimmsten war der Durst. Durch das einzige kleine, vergitterte Fenster des Waggons fingen die eingepferchten Insassen des Waggons mit einem Löffel Regenwasser auf. Immerhin sah er auf diesem Transport hocherfreut seinen Freund Imre wieder.

Nach 10 qualvollen Tagen und Nächten - es wurde nur gehalten, um sich der Leichen zu entledigen - kamen sie in Bergen-Belsen an. Der junge Max wusste nicht mehr, wie er aus dem Zug herauskam, denn seine Beine waren taub. Er ließ sich einfach wie ein Mehlsack aus dem Zug fallen und kroch halb wahnsinnig vor Durst auf eine Pfütze zu, aus der er trank, ohne daran zu denken, ob das Wasser sauber war oder nicht. Dass er danach nicht an Durchfall oder an sonstigen Krankheiten litt, führt er auf die drei Spritzen zurück, die man ihm in Budapest verabreicht hatte.

[21] Die Deportationen begannen in Ungarn 1944; Max Daniel erwähnt jedoch den Juni 1943.

Mit 3.000 anderen Ungarn teilte er sein Schicksal im Lager. Er erinnert sich noch gut daran, dass hinter einen Zaun gegenüber Holländer untergebracht waren.[22] Sie schienen noch alle wohlgenährt zu sein, zumindest waren bei ihnen noch Muskeln zu erkennen, während bei den meisten Ungarn[23] die Rippen zum Vorschein kamen. Nach dem Krieg erfuhr Max vom Schicksal der Anne Frank und vermutete, dass vielleicht auch sie in der holländischen Baracke, jenseits des Zauns, gelebt hatte.[24]

Mit seinem langjährigen Freund Imre teilte Max nicht nur die Holzpritsche. Sie ermunterten sich gegenseitig und beschlossen, um ihr Überleben zu kämpfen. Während einige orthodoxe Juden beteten und sangen, sorgten die beiden Freunde für ihre körperliche Fitness. Sie wollten es ihren Feinden nicht zu einfach machen.[25]

Die Zutaten für die Verpflegung in Bergen-Belsen nannten die Lagerinsassen spöttisch "Dörrgemüse". Die tägliche Suppe schien aus Baumrinden oder Wurzeln zu bestehen, denen etwas Salz und Pfeffer beigefügt war, also eine kaum genießbare Brühe. Man löffelte den Sud, um zu überleben. Morgens wurde ein ca. 7 cm dickes Stück Brot verteilt, dazu gab es ein braunes Gebräu, "Kaffee" genannt, aber damit nichts gemein hatte. Max Halpert wundert sich heute noch, dass manche von ihren Brotstücken sogar noch 3 oder 4 cm verkaufen konnten. Manche versprachen, nach dem Krieg alles in Dollar zurückzuzahlen. Oder man gab Adressen von Verwandten an, die die Schuld begleichen würden. Aber gerade diese vorausschauenden Planer starben, ohne ihr Versprechen einhalten zu können.

Die Wanzenplage war groß, diese Parasiten saßen in Kleidern, im Holz der Pritschen und auf der Haut, wo sie den abgemagerten Menschen das ohnehin spärliche Blut aussaugten und mit ihrem Biss In-

---

[22] Felix Hermann Oestreicher, Ein jüdischer Arzt-Kalender – Durch Westerbork und Bergen-Belsen. Konzentrationslager-Tagebuch 1943–1945. Konstanz 2000.

[23] Heide Mirjam Wiehn u. Erhard Roy Wiehn, Dajenu – Tagebuch einer Israelreise. 2. Auflage Konstanz 1987; Jüdische Schicksale in Ungarn und Bergen-Belsen, S. 284 ff.

[24] Anne Frank wurde am 3. September 1944 nach Auschwitz-Birkenau deportiert, wo sie zwei Tage später eintraf; am 28. Oktober 1944 wurde sie von dort nach Bergen-Belsen verbracht, wo sie im März 1945 an Typhus starb.

[25] Hier und in den folgenden Passagen fällt auf, dass Max Daniel seinen Rückblick auf das Elend des Lagerlebens für die deutsche Gesprächspartnerin Ingrid Decker, die die Gräuel der NS-Ära nicht miterlebt hat, mit großer (Selbst-)Ironie gestaltet.

fektionen verursachten. Viele Menschen starben an Krankheiten und Seuchen. So wurde auch bei den sanitären Anlagen gespart, eine Grube mit Balken musste den Menschen für die Notdurft reichen. Auch Privatsphäre gab es nicht. Wenn ein Häftling nachts seine Notdurft verrichtete, beschienen ihn die Scheinwerfer der Wachtürme, und er wurde verspottet und verlacht.

Gedenkstein in Bergen-Belsen 1985 (Foto: Roy Wiehn)

Im Frühjahr 1945 wurde es plötzlich sehr geschäftig im Lager, aber niemand wusste die Unruhe zu deuten. Alle Insassen mussten in den Duschraum und wurden vorher am ganzen Körper geschoren. Nachdem ihre Körper von Haaren befreit waren, sahen sie erst, wie sehr sie von Läusen, Flöhen und Wanzen heimgesucht und geschunden waren. Dann fuhren erneut Transporte von Bergen-Belsen nach Theresienstadt.[26] Diese Zugfahrt dauerte nur ca. drei Tage, aber die Häftlinge erhielten während der Fahrt weder Flüssigkeit noch feste

[26] Es dürfte sich um den zweiten Transport gehandelt haben, der Bergen-Belsen am 9. April 1945 in Richtung Theresienstadt verließ. Dazu Eberhard Kolb: Bergen-Belsen 1943–1945. Göttingen 1986, S. 72. Zu den sogenannten "verlorenen Zügen" siehe z.B. auch Renata Laqueur, Bergen-Belsen Tagebuch 1944/1945. Hannover 1995, S. 101–102.

Nahrung. Theresienstadt bereitete ihnen jedoch eine Überraschung, sie fanden keine einfachen Holzbaracken vor, sondern massive Steinbauten mit großen Räumen. Das Lager war wie eine Stadt, in der sich jeder frei bewegen konnte, und selbst das Essen war etwas besser.[27]

In Theresienstadt (Hans Munk, Theresienstadt in Bildern und Reimen. Konstanz 2004)

Es sollten jedoch noch einige Wochen vergehen, bis die Rote Armee als Befreier kam. Durch das Fenster seines Zimmers hatte Max freie Sicht auf die Umgebung. Er beobachtete, wie die Deutschen fluchtartig Theresienstadt verließen und beim Wegrennen noch ein paar Salven abfeuerten.

Bald danach nahten mit großem Getöse sowjetische Panzer. Max, sichtlich geschwächt – er wog nur noch 33 Kilo –, wollte seinen Befreiern entgegeneilen, kam aber nicht weit. Als ein Russe ihm einen freundschaftlichen Klaps versetzte, fiel er einfach zu Boden. Die sowjetischen Soldaten verteilten Proviant, Max aß davon, sein Körper war jedoch nur an dünne Wassersuppe gewöhnt. Er bekam einen fürchterlichen Durchfall mit hohem Fieber und wurde ins Lazarett

[27] Siehe dazu Seite 85, Fußnote 60.

gebracht, was er als genauso schlimm wie das Lager empfand. Man behandelte ihn mit dem wenigen, das zur Verfügung stand. Außerdem konnte er sich mit seinen Helfern nicht verständigen, und sein Zustand besserte sich nicht im geringsten. Nach einem Fluchtversuch wurde er wieder ohnmächtig, landete aber diesmal bei einem tschechischen Arzt, den er zwar auch nicht verstand, der ihm aber letzten Endes auf die Beine half.

Vom Tag seiner Befreiung am 8. Mai bis Ende Juli 1945 musste Max in Quarantäne bleiben. Danach hatte er so viel an Gewicht zugelegt, dass er seine "Heimreise" nach Budapest antreten konnte. Als er sich nach seiner Krankheit zum ersten Mal im Spiegel sah, war er von seinem eigenen Spiegelbild so geschockt, dass er in eine Depression verfiel, weil er sich selbst nicht mehr akzeptieren konnte. In dieser Phase tiefer Traurigkeit traf er seinen alten Freund Imre wieder, der ihm neue Hoffnung und Zuversicht vermittelte. Während Max noch im Lager ausharren musste, konnte Imre in die Heimat zurückkehren.

Im Juli 1945 war es endlich soweit. Die Züge waren überfüllt mit Kriegsheimkehrern. So reiste Max wie viele andere auf dem Dach des Zuges Richtung Heimat, und zwar mit dem Rücken in Fahrtrichtung, um sich vor dem Qualm der Lokomotive zu schützen. Obwohl es eigentlich nur eine Fahrt von wenigen Stunden sein sollte, brauchte der Zug drei Tage. Oft mussten Trümmer von den Gleisen geräumt oder zerstörte Brücken umfahren werden, was die Fahrt hinauszögerte.

In Budapest angekommen, erkannte Max seine Heimatstadt kaum wieder, denn große Teile der Stadt waren durch Bomben zerstört. Er fand trotzdem den Weg zu seinem Elternhaus, nur überfiel ihn unterwegs die bange Frage, ob die Familie überhaupt noch lebe. Es wurde ihm immer elender zumute, das letzte Stück des Weges rannte er einfach los. Gott sei Dank, das Haus stand noch! Er stürzte in den Hausflur, Nachbarn erkannten ihn und schrieen auf, da stürzte die gehbehinderte Mutter eilig auf ihn zu, und es kam zu einem überschwänglichen Wiedersehen.

Max Halpert war noch nicht 21 Jahre alt und hatte bereits so viel erlebt wie ein alter Mensch oder gar mehrere Menschen zusammen. Er war immer noch so schwach, dass an Arbeit gar nicht zu denken war. Die Mutter versprach sich Besserung für ihren Sohn durch Vitamine, die sie irgendwie organisieren konnte. Inzwischen hatte Max auch vom Schicksal seiner Geschwister und seines Vaters erfahren. Der Vater war deportiert worden und in einem Lager gestorben. Seine Schwester überlebte die Zugfahrt nicht, sie starb unterwegs beim Transport in ein Lager, ihre Leiche wurde aus dem Zug geworfen, niemand weiß, wo ihre Gebeine liegen. Es gibt kein Grab und keinen Gedenkstein.

Holocaust Memorial "Baum des Lebens" in Form einer Trauerweide von Imre Varga, Budapest 1990 (Foto: Klara Strompf)

Max' Bruder, der sich den sowjetischen Kommunisten angeschlossen hatte, wurde von seinen Genossen im vereisten Straßengraben liegen gelassen, als er nicht mehr weiterkonnte. Ihm waren die Beine bis zu den Knien abgefroren, niemand half ihm zu überleben. Nicht nur diese Begebenheit, sondern das gesamte Verhalten der Sowjets, die wie Vandalen in Ungarn gewütet, Frauen und Mädchen vergewaltigt und Raubzüge veranstaltet hatten, blieb Max Halpert mit Bitterkeit in

Erinnerung. Dieses Verhalten entsprach nicht dem Idealbild, das er einst von den Kommunisten hatte, und nun graute ihm vor ihnen.

Max Halpert wollte einem sowjetischen Einberufungsbefehl entgehen und darum so schnell wie möglich Ungarn verlassen. Das erwies sich aber als nicht ganz einfach. Er wandte sich an den "Joint", der auch in Budapest tätig war, um an die nötigen Ausreise-Papieren zu gelangen. In der Zwischenzeit erhielt er beim "Joint" vormittags einen kleinen Posten, so dass er ständig gut informiert war. Am Nachmittag konnte er erneut bei seinem alten Chef, dem Kürschner, ein wenig dazuverdienen. Endlich erhielt er die ersehnten Ausreisepapiere für sich und seine Mutter, und die Reise ging zunächst nach Italien. Er hatte Glück, denn zwei Tage später wurden Max zufolge keine Ausreiseerlaubnisse mehr erteilt.[28]

Zuerst lebten Mutter und Sohn in Venedig, später in Genua. Nun konnte Max sich zum ersten Mal nach langer Zeit freifühlen, tief durchatmen und seine innere Ruhe wiederfinden. Allerdings musste die Aufenthaltserlaubnis alle drei Monate verlängert werden, bis er in der Nähe Roms auf einen älteren Juden stieß, der ihm durch einen manipulierten Stempel "gültige Ausweispapiere" verschaffte. Nun war die Befürchtung gebannt, ins kommunistische Ungarn zurückkehren zu müssen.

Da es Verwandte in Mexiko gab, die ständig drängten, Mutter und Sohn möchten doch zu ihnen kommen, nahmen sie eines Tages dieses Angebot an. Max konnte gleich in das Geschäft seines Onkels einsteigen und sein eigenes Geld verdienen. Bald danach traf er auf einer Hochzeit die Frau seines Lebens. Sarah hieß sein Schwarm, sie war die Tochter litauischer Juden, die bereits in den 1920er Jahren in Mexiko eingewandert waren. Ein Jahr nach der Hochzeit wurde ihre Tochter geboren, sechs Jahre später kam der Sohn zur Welt. Inzwischen hatten Max und Sarah drei Enkelkinder. Die Familie war sehr eng miteinander verbunden.

Trotz der grausamen Erfahrungen seiner Jugendjahre war Max ein Optimist geblieben. Er hatte immer ein schelmisches Blitzen in den Augen und einen Scherz auf den Lippen. Am meisten freute es mich

---

[28] Einen ähnlichen Reiseweg, allerdings ohne Hinweis auf eine Aufhebung der Reiseerlaubnis, schildert Klára Rajk, Den Kampfgeist nie verloren. Jüdische Schicksale in Ungarn 1910–1999. Konstanz 2000.

zu sehen, welch netten und liebevollen Umgang Max und Sarah miteinander pflegten.

Dr. med. Ruth Deutsch Lechuga aus Wien (1920–2004)

Dr. med. Ruth Deutsch wurde im Februar 1920 in Wien geboren. Da sie kurz nach dem Ersten Weltkrieg das Licht der Welt erblickte, waren ihre frühe Kindheit und Jugend von Knappheit und Entbehrungen geprägt. Sie gewöhnte sich daran, nicht alles haben zu können, was das Herz begehrte und was ein Kind sich damals wünschen mochte. Bis zu ihrem Tod hat Ruth Deutsch Lechuga den Mangel der frühen Jahre nicht vergessen und ging sorgsam mit allen Dingen des Lebens um, auch mit Lebensmitteln.

Ihr Vater Arnold Deutsch wurde in Wien geboren, aber dessen Mutter stammte aus Mislitz in der früheren Tschechoslowakei, wo einige ihrer Verwandten lebten. Er war politisch linksorientiert, aber kein Kommunist. Arnold Deutsch war Kaufmann und schätzte die schönen Künste. Die Zeit des Austrofaschismus mit den Kanzlern Engelbert Dollfuss (1933–1934) und Kurt Schuschnigg (1934–1938) hatte Ruth noch in guter Erinnerung, besonders die Umstände, die zur Ermordung von Dollfuss[29] am 25. Juli 1934 führten.

Drei Tage lang kam es im Februar 1934 in Wien zu bürgerkriegsähnlichen Kämpfen, bei denen Militär, Polizei, Gendarmerie und Heimwehrverbände den Widerstand linker Kräfte des Landes niederschlugen. Zentren des Widerstands in Wien waren Arbeiterheime und Gemeindebauten[30] (u.a. der Karl Marx Hof). Die Februar-Kämpfe kosteten auf beiden Seiten rund 300 Menschen das Leben, über die genaue Zahl streitet man heute noch. Die Wohnung der Familie Deutsch lag in der Nähe eines Gemeindebaus, von dem die Schüsse zu der damals 14-jährigen Ruth herüberhallten, so dass sie auch Jahrzehnte später bei jedem lauten Geräusch aufschreckte.

---

[29] Engelbert Dollfuß war von 1931 bis 1933 als österreichischer Landwirtschaftsminister, gelangte 1932 auf demokratischem Weg ins Kanzleramt und regierte ab 4. März 1933 diktatorisch; er war der Begründer des austrofaschistischen Ständestaates.

[30] "Gemeindebau" nennt man in Wien burgähnliche Wohnblocks, deren Bau mit kommunalen Mitteln gefördert wurde bzw. wird.

Ruths Vater sprach mit ihr früh über Politik und überzeugte sie, dass eine sozialdemokratisch geprägte Regierungsform die einzig humane und einigermaßen gerechte sei. Arnold Deutsch war nicht religiös, während Ruths Großeltern mütterlicherseits - Familie Reis - die jüdischen Feiertage einhielten. Nicht nur die politische Gesinnung des Vaters blieb für Ruth ein Leben lang Vorbild, sondern auch sein ausgeglichener, liebenswürdiger, verständnisvoller Charakter.

Ihre Mutter, Angela Deutsch (geb. Reis), schilderte sie als warmherzige Frau, die niemandem etwas abschlagen konnte. Ruth erinnerte sich an den polnischen Akzent der Großmutter mütterlicherseits und wie sie sich in jungen Jahren dessen geschämt hatte. Sie selbst sprach, wie sie mir gegenüber im Gespräch über die Großmutter betonte, weder Englisch noch Spanisch akzentfrei.

Ruth wuchs mit ihrem vier Jahre jüngeren Bruder Hans in Wien auf, und die Eltern taten alles Erdenkliche, um ihren Kindern eine gute Ausbildung zu ermöglichen. Ruth besuchte in Wien das Realgymnasium: sie und eine Klassenkameradin waren die einzigen jüdischen Schülerinnen der ganzen Schule. Mit dieser einzigen Vertrauten verband Ruth eine herzliche Freundschaft. Die beiden Mädchen besuchten sich gegenseitig zu Hause und verbrachten ihre Freizeit miteinander. Zu den anderen Mitschülern und Mitschülerinnen hatten beide Geschwister in den acht Jahren ihrer Schulzeit privat überhaupt keinen Kontakt.

Ruth beschrieb die Wiener allem Fremdartigen gegenüber als sehr zurückhaltend und verschlossen. Deshalb wunderte sie sich nicht, dass sie als Kind nicht ein einziges Mal in eine Wiener Wohnung eingeladen wurde. Hingegen wunderte sie sich sehr, dass die unzugänglichen und zugeknöpften Wiener den Deutschen einen so enthusiastischen Empfang bereiteten und in massenhysterische Verzückung ausbrachen, als Hitler ihnen im März 1938 mit dem sogenannten "Anschluß" das Heil zu bringen schien. Zig-Tausende jubelten, schrieen und winkten dem "Führer" zu. Als deutsche Truppen auf dem Wiener Heldenplatz marschierten, glichen sie mit ihren versteinerten Mienen in Ruths Augen Robotern, gefühlskalten Maschinen oder "aufgezogenen" Marionetten. Sie empfand es als unmenschlich und entwürdigend, dass sich diese Menschen dem militärischen Drill, der eher an eine Dressur von Tieren erinnerte, mit so viel Begeisterung hingaben.

Entsprechend den Grundsätzen der Erziehung, die sie erhalten hatte, war dem jungen Mädchen klar, dass es in einem solchen Land nicht leben konnte. Ruth wusste auch, dass es nach einer Entscheidung kein Zurück mehr für sie geben würde. Nach der Pogromnacht am 9./10. November 1938 beschloss die Familie, Wien so schnell wie möglich zu verlassen und bemühte sich zunächst um eine Ausreise nach Holland, da dort angeblich eine gewisse Toleranz gegenüber Juden herrschte. Das gelang aber nicht, nur der damals 15-jährige Hans durfte, da er minderjährig war, ungefähr sechs Wochen in Holland bleiben.

Anfang 1939 verließ das Schiff, das sie über die Vereinigten Staaten von Amerika nach Mexiko bringen sollte, den Hafen von Vlissingen. Nach Ruths Beschreibung handelte es sich um ein recht altes Schiff, das mit den Exilanten wohl seine letzte Reise angetreten hatte. Der Weg führte zunächst nach New York, wo sie eine Nacht auf Ellis Island[31] blieben. Ein Cousin des Vaters, der in New York lebte, holte sie ab. Im Getümmel von Ellis Island erlebte Ruth ihren 19. Geburtstag.

In Mexiko lebten bereits Angehörige, die sich für die Familie Deutsch verbürgt hatten, weshalb diese - wie Ruth immer betonte - nie die Absicht hatte, in Nordamerika zu bleiben. Sie hatte ihr Visum für Mexiko. Die tschechische Großmutter, die Mutter von Arnold Deutsch, wurde später nach Mexiko nachgeholt. Auch alle Geschwister, väterlicher- wie mütterlicherseits konnten sich nach Mexiko retten. Die entfernte Verwandtschaft in Europa blieb für immer verschollen, sie war der Schoáh zum Opfer gefallen.

Nachdem die Deutschs Ende Februar 1939 in Mexiko-City angekommen waren, dauerte es einige Zeit, bis sie sich eingelebt und einigermaßen die Sprache erlernt hatten. Ihre erste Wohnung bezog die Familie in der Calle Amsterdam, Ecke Yucatan. Bevor sie 1956 endgültig in die Calle Pachuca zog, lebte sie noch eine Weile in der Articula 123.

Die gesamte Familie genoss das neuartige Leben, das herrliche Klima und die Andersartigkeit der Menschen. Gerne erinnert sich

[31] Insel im Hudson vor New York, die lange Zeit als Sitz der US Einwanderungsbehörde diente.

Ruth an die sonntäglichen Spaziergänge im Alameda-Park, wo an Sonn- und Feiertagen eine Musikkapelle gratis spielte. Bald wurde sie vertraut mit dem bislang ungewohnten Geruch und Geschmack der frischgebackenen Mais-Tortillas, die an allen Straßenecken der Stadt verkauft wurden. Damals gab es noch keinen chaotischen Straßenverkehr, und die Luft war noch sauber und kristallklar. Mexiko-City liegt 2.310 m über dem Meeresspiegel und hatte vor 60 oder 70 Jahren noch ein sehr gutes und gesundes Klima, während die Stadt heute in der Luftverschmutzung weltweit zu den Spitzenreitern gehört. Mexiko-City war ein regelrechter Luftkurort. In der näheren Umgebung gibt es bedeutende Heilquellen; die Badeorte wurden damals schon von Heilsuchenden stark frequentiert und sind noch heute beliebte und bekannte Besucherziele.

Vater Arnold Deutsch konnte hier in Mexiko mit Begeisterung seinem Hobby nachgehen, der Archäologie. Am Wochenende nahm er seine Familie zu den entlegensten Plätzen mit. Manchmal startete er die Wochenendentdeckungsfahrten allein mit seiner Tochter. Ruth zufolge gibt es keinen alten Stein, keine prähispanische Mauer und keine Ausgrabungsstätte, die sie nicht besuchten. Arnold Deutsch hatte sich bereits in Wien mit ägyptischer und griechischer Kunst und Kultur befaßt, nun boten sich ihm hier in Mexiko herrliche Vergleichsmöglichkeiten. Ruths Vater starb 1991 mit 96 Jahren in Mexiko-City. Er war in jeder Beziehung Ruths Vorbild.

Ruth Deutsch war gerade 19 Jahre alt, als sie mexikanischen Boden betrat. Sie hatte in Wien ihr Abitur gemacht, aber wegen der neuen NS-Gesetze wäre sie nicht zum Studium zugelassen worden, *weil sie Jüdin war.* Ruth zufolge hat jeder Einwanderer in Mexiko, der das Dokument FM3 (Aufenthaltsgenehmigung) erhält, die Freiheit zu tun, was ihm oder ihr gefällt. So konnte sie ein Medizinstudium beginnen und sich außerdem über das demokratische Leben in Mexiko freuen, das in ihrem Herkunftsland fehlte.

Bereits während ihres Studiums arbeitete Ruth im Labor des alten "Hospital Americano" in der Gabino Barreda Straße, wo sie auch nach dem Studium blieb. Als das Krankenhaus-Labor geschlossen wurde, arbeitete sie für ihren Chef weiter, der zusammen mit seiner Frau ein eigenes medizinisches Laboratorium eröffnet hatte. Nach seinem Tod übernahm Ruth die Leitung des medizinischen Instituts und überwies der Witwe jeden Monat eine Rente. In ihrem eigenen Labor in der Calle Reforma erledigte sie später vorwiegend Aufträge der amerikanischen Botschaft. Sie untersuchte das Blut der Emigranten, die in die Vereinigten Staaten auswandern wollten, auf anstekkende Krankheiten. Als die amerikanische Botschaft das Analyselabor nach Ciudad Juarez verlegte, nahm Ruths Leben eine neue Wende.

Im Jahre 1951 heiratete Dr. med. Ruth Deutsch den Röntgenarzt Carlos Lechuga, den sie bereits während ihres Studiums kennengelernt hatte. Gemeinsam mit ihrem Mann und ihrem Vater unternahm sie viele Entdeckungsreisen durch Mexiko, und Carlos Lechuga ließ sich gerne von ihrer Begeisterung für die Natur, die alten Kulturen und die Indios anstecken.

Schon während ihrer ersten Erkundungsreisen hatte Ruth Deutsch Lechuga kleine handgearbeitete Objekte erworben, die damals nur wenig kosteten. Mit der Zeit war schließlich eine stattliche kunsthandwerkliche Sammlung entstanden. Anfang der 1970er Jahre arbeitete Ruth als Beraterin und Einkäuferin für eine Abteilung des "Fondo Nacional para el fomento de las Artesanías", des Staatlichen Instituts für Volkskunst.

Insgesamt 17 Jahre lang war Ruth im "Museo de Artes e Industrías Populares" (Museum für Volkskunst) zusammen mit der Direktorin Teresa Pomar tätig. Der Umgang mit Menschen war für sie eine Herausforderung. In entlegenen Dörfern musste sie mit den Indios beim Erwerb von Museumsstücken verhandeln. Zusammen mit Teresa Pomar organisierte sie Ausstellungen, die sie auch dreimal nach Europa führten.

Die erste Ausstellung fand in einem kleinen Dorf in der Toscana statt. Anfang der 1980er Jahre führte Ruth die Mitarbeit an einem Katalog für den modernen mexikanischen Maler Rafael Coronel kurze Zeit nach Andalusien.

Ebenfalls in den 1980er Jahren flog Dr. Ruth Deutsch Lechuga als mexikanische Abgesandte des "World Craft Council" zu einem zweiwöchigen Kongress nach Wien. Dies war nach vielen Jahren die erste und letzte Begegnung mit ihrer Heimatstadt. Immer noch fasziniert von dieser Stadt meinte sie, dass man ein gigantisches Museum hätte, wenn man ein Dach über Wien ausbreiten könnte. Ruth hatte jedoch nicht das Gefühl, hier wieder zu Hause sein zu können.

Seit 1956 wohnte Familie Deutsch im Künstlerviertel Colonia Condesa, Calle Pachuca. Zuerst bewohnte eine Tante, die Schwester ihres Vaters, eine Wohnung im 2. Stock des Gebäudes. Zu ihr gesellte sich später die ebenfalls ausgewanderte Großmutter. Schließlich zog die Familie Deutsch zu viert in die Nachbarwohnung.

Die Altbauwohnungen in der Calle Pachuca sind großzügig angelegt und lichtdurchflutet. Trotzdem konnte Ruth ihre mit Leidenschaft gesammelten Kunstwerke anfangs nur in einem Zimmer aufbewahren. Kisten und Kartons lagerten außerdem unter ihrem Bett, verstopften Ecken und freie Plätze und verhinderten, dass sich Türen weit öffnen ließen. Erst als ihr Bruder Hans auszog, konnte sie sich in seinen ehemaligen Räumen ausbreiten und vergrößerte dann ihre Ausstellungsräume nach dem Tod von Großmutter und Tante noch einmal durch einen neuen Zugang zur Nachbarwohnung. Selbst jetzt reichte der Platz für die große Sammlung kaum aus. Im Jahre 2000 war Ruth dabei, im Haus in der Calle Pachuca eine dritte Wohnung zu kaufen, damit alle ihre Ausstellungsstücke besser zur Geltung kämen. Sie erhielt dafür einen einmaligen Zuschuss vom FONCA ("Fondo Nacional para la Cultura y las Artes", Staatliche Förderung für Kunst und Kultur) (S. 36).

Dr. Ruth Deutsch Lechuga war nicht nur eine Spezialistin für Masken aus allen mexikanischen Regionen, die an Lebendigkeit und Formenreichtum kaum zu übertreffen sind. Sie kaufte und sammelte auch Textilien aller Art, die aus Naturfasern hergestellt und mit mannigfaltigen Farben und Stickmotiven versehen sind. Auf den Märkten kleiner Dörfer erwarb sie Tonkrüge und Töpfe in verschiedensten Formen, manche von ihnen hatten bereits als Haushaltsgegenstände der Dorfbewohner gedient. Grob- oder feingeflochtene Körbe in allen Variationen zierten Wände und Regale. Sie sammelte naive, handgefertigte Krippenfiguren aus verschiedensten Materialien wie Holz, Ton oder gar Marzipan mit verwegener Farbgebung und mit kunstvollen Mustern und Motiven verziert. Ruth war stets an ausgefallenen Originalen interessiert. Die Masken oder Textilien mußten die Haut berührt, Schweiß, Tränen, Freude oder Leid des Trägers gekostet haben.

Sie hatte in ihrem privaten Museum ca. 1.200 Masken und mehr als 2.000 Textilien gesammelt (Foto S. 36). Wenn man die Zinnfiguren, die Körbe, Töpfe, Krüge, das Spielzeug, die filigranen Schnitzereien aus Knochen, die Mengen von kunstvollen Kämmen mit Tiermotiven, Lackarbeiten und religiösen Gegenstände zusammenzählte, kam man auf ca. 10.000 Ausstellungsstücke. Ruth Deutsch Lechuga verwahrte mehr als 20.000 Fotos und Negative. Sie sah sich als Hüterin des Nachlasses der zahlreicher ethnischen Gruppen Mexikos, die heute noch über 50 verschiedene Sprachen sprechen.

Aus Österreich bezog Dr. Ruth Deutsch Lechuga eine geringfügige Rente. Ansonsten war sie auf Eintrittsgelder der Besucher ihrer "Schatzkammern" angewiesen. Sie war trotz ihrer 80 Jahre noch eine sehr aktive, rege und bewundernswerte Frau. Auch wenn sich mit den Jahren einige Altersgebrechen eingestellt hatten, so führte sie trotzdem ihre Arbeit weiter und hatte noch viele Pläne. Sie war Verfasserin mehrerer Bücher zur Geschichte Mexikos.

Trotz ihres Alters und ihrer zarten körperlichen Konstitution war Ruth, als ich sie kennenlernte, politisch für die Partei der demokratischen Revolution (PRD) aktiv. Aus Bewunderung und Dankbarkeit blieb sie dem linksgerichteten Sozialdemokraten und Parteiführer Cárdenas treu, dessen Vater als Präsident in den 1940er Jahren vielen Flüchtlingen, darunter auch ihrer Familie, Asyl gewährt hatte. Ruth Lechuga betonte immer wieder, dass sie selbst, ihre Familie und viele andere Exilanten ihr neues Leben dem damaligen Präsidenten von Mexiko, Lázaro Cárdenas, zu verdanken hatten.

Nachdem ich an einem Frühlingstag im Jahre 2000 den Nachmittag mit Ruth verbracht hatte, war der Abend einer Versammlung der Partei unter der Leitung des Parteivorsitzenden Cárdenas gewidmet. Als ich fragte, ob sie mit dem Taxi zur PRD-Veranstaltung fahre, antwortete sie mir, dass sie sich für kurze Strecken immer noch selbst an das Steuer ihres alten VW-Käfers setze. Das kam mir angesichts ihrer schlechten körperlichen Verfassung ein wenig riskant vor.

Mit der Ausgabe Nr. 42 über das Thema Volkskunst hatte die Kunstzeitschrift "Artes de Mexico" Dr. Ruth Deutsch Lechuga 1998 ein ganzes Heft gewidmet, worin es u.a. heißt:

"Wer könnte ... die tiefe Ergriffenheit, Bezauberung, die Passion, Erregt- und Entrücktheit ignorieren, die Hunderte von Masken an den Wänden der hohen Räume verursachen? Wer kann sich der Verzückung entziehen, die vielen Textilien zu bewundern, die Ruth Lechuga in ihren großen Schränken aufbewahrt, die Miniaturen und die Keramiken, die man in Vitrinen, die förmlich überquellen, bestaunen kann? Wer könnte je die Mannigfaltigkeit der Totenmasken vergessen, die aus Draht, Papier, Zucker oder Ton gefertigt im Schlafzimmer dominieren, dessen Wände in einem lebendigen, kräftigen, mexikanischen Rosarot gehalten sind?"[32]

Ruth selbst wird folgendermaßen zitiert:

"Ich habe die Dörfer und Gemeinden nicht deshalb besucht, um irgend etwas zu kaufen, sondern um zu erfahren, wie und weswegen diese Dinge hergestellt wurden. Es war mir immer wichtig, die Sprache der Künstler und Hersteller zu verstehen, an die Frauen heranzutreten, Kontakt mit ihnen zu haben. ... Auf einmal öffnet sich so ein weiter Blick auf die Objekte, die man zu sammeln wünscht. Meine Objekte haben immer eine Geschichte, und das ist das Geheimnis meiner Sammlung."

Ruth Deutsch Lechuga starb am 20. September 2004 im Alter von 84 Jahren in ihrer Wohnung. Noch im Juli hatte ich mit ihr telefoniert. Gerne hätte ich erneut ihre Sammlung gesehen, die nun über drei Wohnungen verteilt war. Ruths Stimme klang schwach, sie erkannte mich am Telefon nicht mehr, obwohl ich Deutsch mit ihr sprach. Heute tut es mir leid, dass ich sie nicht einfach mit einem Blumenstrauß unangemeldet besucht habe.

Ich erinnere mich noch an ihre Worte, als sie mir ihr rosa Schlafzimmer zeigte, das über und über mit Totenmasken und Skeletten bestückt war: "Eines Tages, wenn ich tot in meinem Bett liege, werde ich selbst Teil dieser Sammlung sein."

---

[32] Übersetzung von Ingrid Decker.

Dr. med. Ruth Deutsch Lechuga und ihr Museum in Mexiko-City (Fotos: Ingrid. Decker)

Einen Teil ihrer Kollektion der mexikanischen Volkskunst hat Ruth Deutsch Lechuga dem Franz Mayer Museum in Mexiko überlassen. Die mehr als 20.000 Negative der Fotos, die Ruth seit 1948 aufgenommen hat, sind in ethnologischen Sammlungen in Mexiko, den USA und Italien zu finden.

Dr. med. Martha Winkler aus Ungarn (1918–2010)

Dr. med. Martha Winkler (geb. Schwartz) lernte ich im Jahr 2000 in Mexiko-City kennen. Man hatte sie mir als Übersetzerin empfohlen, und so suchte ich sie eines Nachmittags zu Hause auf. Weil sie am Vortag in der Wohnung gestürzt war, empfing sie mich mit einem blauen Auge und einer verbundenen Hand, ansonsten jedoch recht lebhaft und munter. Während des kurzweiligen Nachmittags gewann ich einen kleinen Eindruck vom Leben der gebürtigen Ungarin.

Martha Winkler stammte aus einer liberalen jüdischen Familie. Sie wurde 1918 in Ungarn geboren, kam aber bereits 1923 mit ihren Eltern nach Mexiko. Vater Imre Schwartz bekam damals in Mexiko eine Anstellung als Architekt und wanderte mit seiner Frau Veruschka (Barbara), der fünfjährigen Tochter Martha und dem dreijährigen Sohn Georg aus. Die Kinder besuchten die deutsche Schule in Mexiko-City, die sich damals noch in der Colonia Roma befand. Beide Kinder beherrschten bei der Ankunft in Mexiko die deutsche Sprache nicht, denn zu Hause wurde nur Ungarisch gesprochen. Trotzdem bestand der Vater darauf, dass die Kinder in Mexiko die deutsche Schule besuchten. Der Schuldirektor gab den Kindern eine Frist von drei Monaten, um Deutsch zu lernen. Beide Kinder erwiesen sich als sprachbegabt, sie lernten zügig und durften an der deutschen Schule bleiben, beide bestanden später das Abitur mit Auszeichnung.

Wenn Martha an ihre Kindheit dachte, fiel ihr sofort ein, dass ihr Vater ein großer Tierfreund war. Ihr Haus in der Colonia Roma war voll von verschiedenen Tieren. Der Vater hatte im Garten sogar einen Fischteich angelegt; da der Garten viel Platz bot, wurden von Freunden und Bekannten immer wieder Tiere bei ihnen abgegeben. So kam eines Tages ein Waschbär ins Haus, für den der Vater sogar einen Käfig baute. Der Waschbär erwies sich als ein geselliges Tier, nur fischte er ständig den Fischteich leer, denn er war geschickt und konnte das Schloss seines Käfigs öffnen. Leider nahm dieser putzige Waschbär ein tragisches Ende, denn der Veterinär stellte einen Gehirntumor fest, und das Tier musste getötet werden. In diesem tierfreundlichen Haus gab es auch Gürteltiere, die mit ihrem spitzen Maul und dem gepanzerten Körper ein wenig unförmig aussahen. Martha empfand sie als langweilige Zeitgenossen, weil sie nur Würmer suchten und sonst nicht viel anstellten. Interessanter waren die Leguane, von denen einer die stattliche Länge von 1,40 m erreichte.

Als die Familie 1937 einen Urlaub in Ungarn verbrachte, wollte Martha, die die Schule hinter sich hatte, in ihrem Geburtsland bleiben und Textil-Design studieren. Sie fühlte sich bei den Großeltern und den übrigen Verwandten sehr wohl und verliebte sich sogar in einen netten jungen Mann. Aber die Zeiten wurden immer unruhiger, und Freunde aus Mexiko schickten Briefe, in denen sie darauf drängten, dass die Familie doch bald zurückkehren möge, denn ein Krieg stehe unmittelbar vor der Tür.

So trat die Familie Winkler Ende 1937 die Rückreise an. Damals war es ein besonders großes Unglück, als das nagelneue Auto des Vaters, das nach Mexiko mitgenommen werden sollte, während der Fahrt zum Hafen, wo die Verladung des Autos auf das Schiff geplant war, auf Glatteis ins Schleudern geriet und gegen einen Baum prallte. Die wahre Tragödie zeigte sich nach dem Zweiten Weltkrieg, da von den in Ungarn verbliebenen Verwandten niemand die Schoáh überlebt hatte.

Dr. med. Martha Winkler (Foto: Privat)

Martha, die vielseitig begabt war, folgte nach der Rückkehr nach Mexiko dem Rat ihres Vaters und studierte Medizin. Sie war eine Kollegin von Ruth Deutsch Lechuga, beide kannten und schätzten einander. Später hatte sie ihr eigenes Blut-Analyse-Labor. Sie kannte Natalia Trotzki,[33] die noch einige Jahre nach der Ermordung ihres Mannes im Jahr 1940 in Coyoacán lebte, bevor sie nach Paris ging und dort verstarb. Wenn Natalia sich krank und elend fühlte, nahm Martha Winkler ihr zu Hause Blut ab, um es im Labor zu untersuchen.

Dr. med. Martha Winkler war eine belesene Frau und eine begeisterte und begabte Hobbymalerin, genau wie ihr Mann Janosch (Hans), der an Lungenkrebs verstarb.

Gertrude Biller (geb. Borak) aus Monson / Ungarn (1918–2002)

Gertrude Borak wurde als einziges Kind des Ehepaares Bernhard und Emma Borak im September 1918 im kleinen ungarischen Ort Monson[34] an der österreichisch-ungarischen Grenze geboren. Als sie fünf Jahre alt war, zogen die Eltern nach Wien und betrieben in der Schröttergasse 14 im 10. Bezirk eine Konditorei. Als der Vater im Alter von nur 50 Jahren starb, war die Mutter gezwungen, die Konditorei, die sie mit ihrem Mann aufgebaut hatte, allein weiterzuführen.

Gertrude wuchs behütet auf, besuchte die Oberschule und machte im Jahre 1937 das Abitur. Da die Nationalsozialisten in Österreich bereits an Einfluss gewonnen hatten, machten neue Gesetze es für sie als Jüdin unmöglich zu studieren. Nach dem "Anschluß" Österreichs an das Deutsche Reich im März 1938 wurde den Juden das Leben in jeder Hinsicht erschwert, nach dem Novemberpogrom 1938 die Geschäftsfrau Emma Borak enteignet.

---

[33] Leo Trotzki (1879–1940) war ein russischer Revolutionär, Politiker und marxistischer Denker. Nachdem er von Josef Stalin entmachtet und 1929 ins Exil getrieben worden war, wurde er am 21. August 1940 von einem sowjetischen Agenten in seinem Haus in Mexiko ermordet.

[34] Heute Stadtteil von Mosonmagyaróvá.

Sie fühlte sich mit 60 Jahren zu alt, um in einem fremden Land einen Neuanfang zu wagen. Ein Einreiseantrag für die USA wurde nicht genehmigt, obwohl Verwandte in New York für sie gebürgt hatten. Emma Borak wollte in ihre Heimat Ungarn zurück, wo einige ihrer Geschwister lebten und löste nach Kriegsbeginn im September 1939 den Wiener Haushalt auf.

Für Gertrude war der Gedanke schmerzhaft, Wien verlassen zu müssen. Denn es ging nicht nur um die Trennung von der Mutter, vielmehr wollte sie auch ihre Jugendliebe nicht verlassen. Wie sie später erfuhr, geriet ihr Freund, der kein Jude war, in sowjetische Kriegsgefangenschaft und wurde in ein Arbeitslager nach Sibirien verschleppt. Erkundigungen in Wien, die Gertrude nach dem Krieg einholte, ergaben, dass er als verschollen galt.

Gertrude verabschiedete sich von ihrer Mutter und ahnte nicht, dass sie diese nie wiedersehen würde. Mit zwei Tanten und zwei männlichen Verwandten versuchte Gertrude, im Herbst 1938 ins rettende Ausland zu entkommen. Unterwegs zur belgischen Grenze wurde die kleine Gruppe jedoch bereits in Aachen abgewiesen, wo man sie wegen fehlender Ausreisepapiere nicht passieren ließ.

Am Heiligen Abend 1938 glückte endlich der Versuch, bei Basel über die "Grüne Grenze" in die Schweiz zu gelangen. Nach langem Herumirren in eisiger Kälte wurde in einem kleinen Hotel eine Bleibe gefunden, wo bereits am nächsten Morgen Schweizer Polizei die Ausweispapiere der Hotelgäste zu sehen verlangte. Gertrude Borak begründete die Tatsache, aus der Schweiz nicht ausgewiesen worden zu sein, damit, dass man sie zum Zeitpunkt der Überprüfung noch für minderjährig hielt.

Gertrude kam dann als "Kinderfräulein" bei einer Familie unter, die nett und verständnisvoll war und sich auch um ihr persönliches Wohlergehen kümmerte. Da die Familie gute Beziehungen zu den Behörden hatte, kam Gertrude zu Papieren, die ihr einen längeren Aufenthalt in der Schweiz erlaubt hätten. Aber sie fuhr nach Bern, um sich bei der französischen Botschaft eine Einreisegenehmigung für Frankreich zu beschaffen.

Gertrude Borak gelangte 1940 nach Paris, wo sie unter den zahlreichen ungarischen Exilanten Anschluß fand. Bald lernte sie ihren zukünftigen Mann Otto Biller kennen, der sich um die 13 Jahre jüngere Frau kümmerte. Er hatte in Paris studiert, ihm war Frankreich zur zweiten Heimat geworden, er hatte als Soldat sogar gegen die Deutschen gekämpft. Otto Biller und Gertrude Borak heirateten noch während des Krieges. Später erfuhren sie, dass alle Biller- und Borak-Verwandten in Ungarn und Österreich im Holo-caust ermordet worden waren.[35] Über ihr Überleben in Frankreich schwieg sie sich aus.

Nach dem Krieg lebte das Ehepaar Biller in Perpignan, wo ihre Firma Ledertaschen herstellte. Freunde, die schon lange in Mexiko lebten, drängten sie, zu ihnen zu kommen; sie glaubten, dass die Billers mit ihrem Ledergeschäft in Mexiko großen Erfolg haben und sich wohlfühlen würden.

Im Jahre 1959 gaben die Billers dem Drängen der Freunde nach. Möbel, Hausrat und die von ihnen benötigten Maschinen wurden in Container verstaut, und das Ehepaar versuchte, sich innerlich auf ein neues Leben vorzubereiten. Ironischerweise kam am Tag ihrer Abreise die Einreisegenehmigung für die Vereinigten Staaten, auf die sie während der Kriegsjahre sehnlichst gewartet hatten. Die ungarischen Asylbewerber dürften ganz hinten auf den amerikanischen Wartelisten gestanden haben, vermutete Gertrude Billers im Nachhinein.

In Mexiko wurden die Maschinen für die Lederverarbeitung wieder aufgebaut, aber Sprachprobleme machten das Einleben anfangs schwierig.

Gertrude Biller wurde schwanger, und im Jahre 1960 kam ihr Sohn Daniel zur Welt.

Otto Biller war in Mexiko nie heimisch geworden, ihn plagte oft großes Heimweh, häufig sprach er mit seiner Frau über eine Rückkehr nach Frankreich. Aber ein Neuanfang hätte sich damals als zu beschwerlich erwiesen. Mehrmals haben die Billers im Laufe der Jahre neben Paris auch ihre alte Heimat Ungarn und die Tschechoslowakei besucht. Für beide blieben Ungarisch, ihrer beider Muttersprache, und Französisch die gemeinsamen Familiensprachen.

[35] Emma Borek, Wien 3, Weißgerber Lände 8/4/14 ist in der Yad Vashem database als Deportierte aus Ungarn neben zahlreichen Angehörigen der Familie Borek/Borak verzeichnet.

Seit Otto Biller 1983 an Herzversagen starb, führte Gertrude mit ihrem Sohn das Geschäft. Die Lederfabrik wurde zu einem erfolgreichen Unternehmen. Renommierte Kaufhäuser zählten zu ihren Kunden. Im Jahr 2000 war Gertrude Biller mit fast 82 Jahren noch immer eine tatkräftige Frau. Sie ließ es sich nicht nehmen, jeden Tag im Geschäft nach dem Rechten zu sehen, obwohl ihr Sohn Daniel längst die Geschäftsleitung übernommen hatte.

Über ihre Zeit in Wien, den Anschluß Österreichs an das Deutsche Reich 1938, den Einzug der deutschen Wehrmacht, die "Kristallnacht" 1938, die Schikanen der Nazis und die Enteignung des Geschäftes ihrer Mutter sprach Gertrude Biller ungern. Alle diese Ereignisse versuchte sie, aus ihrem Gedächtnis zu verbannen, so als hätte es diese nie gegeben. Sie wollte sich nicht mit diesen schrecklichen Erinnerungen belasten und beantwortete meine diesbezüglichen Fragen nur einsilbig.

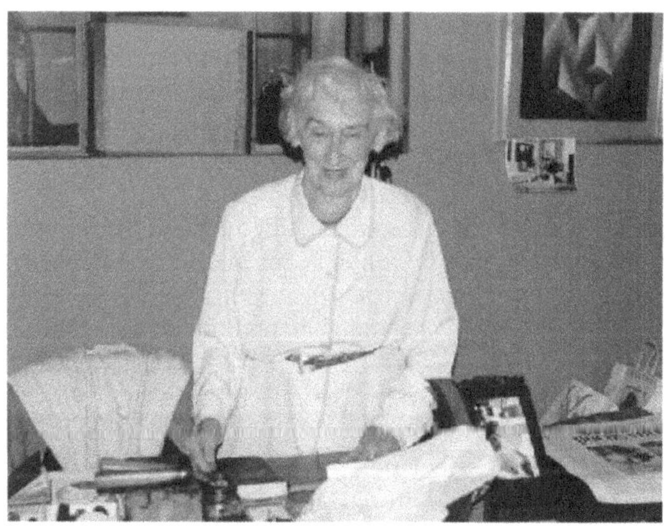

Gertrude Biller in ihrer Werkstatt (Foto: Ingrid Decker)

Gertrude Biller hatte Mexiko als neue Heimat innerlich akzeptiert. Sie lebte zuletzt sehr zurückgezogen. Ihre ganze Aufmerksamkeit galt auch im Alter weiterhin ihrem Sohn, der Schwiegertochter und zwei Enkeln. Nebenher sorgte das Geschäft für Ablenkung. Mit Marta Jovanowich, einer alten Freundin, wurde täglich telefoniert –

auf Ungarisch. Gertrude Biller starb 2002 in Mexiko, sie wurde 84 Jahre alt.

Carlos (Karl) Gimbel aus Mannheim (geb. 1920)

Im Oktober 1996 lernte ich Familie Gimbel kennen. Carlos (Karl) Gimbel entstammte einer Mannheimer Fabrikantenfamilie. Er wurde am 8. Juli 1920 in Ludwigshafen am Rhein geboren und war ein junger Mann, als in der Pogromnacht am 9./10. November 1938 in Deutschland die Synagogen angezündet wurden.

Als Karl am 11. November 1938 seine Großeltern besuchen wollte, erfuhr er, dass sein Großvater und sein Onkel verhaftet und nach Dachau verschleppt worden waren. Erst nach ein paar Monaten konnten sie zu ihrer Familie zurückkehren. Karl verstand die Welt nicht mehr: Bislang waren sie alteingesessene, anerkannte, einflussreiche Bürger Mannheims und Inhaber eines großen Unternehmens gewesen, und plötzlich wurde die Familie verfolgt.

Karl floh nach Frankreich. Eines Tages wurde er dort von Deutschen festgenommen und verhört. Plötzlich jedoch herrschte Aufregung im Vernehmungsbüro: Hoher militärischer Besuch war unangemeldet eingetroffen, und alle Deutschen stürmten hinaus, um diese Persönlichkeit zu empfangen. Im Getümmel gab einer der Uniformierten Karl den Rat: "Am besten rennst du jetzt weg! Wenn du Glück hast, kommst du mit dem Leben davon, und wenn du Pech hast, wirst du erschossen!"

Wie man an seinem florierenden Geschäft in Mexiko sah, war Karl Gimbel seinerzeit die Flucht geglückt. Er gelangte damals zunächst nach New York, wo er seine spätere Frau Ellen kennenlernte. Deren Familie, die aus Mainz stammte, hatte Deutschland bereits einige Jahre vor dem Krieg verlassen. Deshalb hatte sie wenig negative Erinnerungen an ihre Kindheit. Einer Episode aus der Schulzeit hatte sie nie große Bedeutung zugemessen, sie aber nie vergessen: Damals hatte ein hinter ihr sitzendes Mädchen der blauäugigen und blonden Ellen den langen geflochtenen Zopf an der Schulbank festgehalten und gesagt: "Jüdinnen sollte man das Haar an der Holzbank festnageln!"

Ellen war in New York zur Schule gegangen, hatte später einen Sekretärinnen-Kurs absolviert und schon bald eine entsprechende Stelle bekommen. Sie war eine vielseitige, hübsche, bewundernswerte Frau. Trotz ihrer 75 Jahre (1996) stand sie jeden Tag im Geschäft und kümmerte sich um die Buchhaltung. Auch Carlos-Karl gab mit seinen fast 80 Jahren noch nicht auf, obwohl beide Söhne im Geschäft mitarbeiteten.[36] Ellen backte trotz Hausangestellter ihr Brot selbst. Sie war eine enge Vertraute für viele einsame Freunde aus Deutschland und Österreich, die in Mexiko eine zweite Heimat gefunden hatten und für alle eine ausgezeichnete und vielseitig interessierte Gastgeberin.

Das Ehepaar Ellen und Carlos Gimbel in Mexiko 2010 (Foto: Ingrid Hossfeld)

[36] Nachtrag: Karl Gimbel war nach dem 8. November 1938 in Dachau inhaftiert. Der Mannheimer Archivar Hans-Joachim Hirsch war überrascht, als Ingrid Decker ihn bat, die Gimbel-Adresse in Mannheim Karl-Ludwig-Str. 5 zu überprüfen, denn aus dem alten Adressbuch ging hervor, dass die Mannheimer Gestapozentrale im 3. Stock war, während die Gimbels im 4. Stock wohnten. (E-mail vom 7.11.2010)

Jüdisches Exil in der Dominikanischen Republik

Zur Geschichte der Emigrantenkolonie Sosua

Im Jahre 1937 hatte der Diktator Raffael Leónidas Trujillo Molina (1891-1961) dem Militär ein hartes Durchgreifen gegenüber haitianischen Wanderarbeitern und ihren Familien befohlen, die auf grenznahen Zuckerrohrfeldern arbeiteten. Es war zu einem Blutbad gekommen. Die Zahl der Toten wird auf 20.000 bis 30.000 geschätzt. Anläßlich der Konferenz von Evian im Juli 1938 bot sich dem Diktator die Möglichkeit, durch Großzügigkeit bei der Aufnahme verfolgter Juden sein Image in der Welt wieder aufzuverbessern. Mit der Aufnahme von Europäern hegte er außerdem den Hintergedanken, sein Volk "aufzuweißen". Trujillo hatte eine regelrechte Abneigung gegen dunkelhäutige Menschen, für ihn waren sie - wie er einmal sagte - eine "einfältige, dumpfe und tiefstehende Rasse".[37]

Die Dominikanische Republik stellte schließlich rund 5.000 Visa aus, die aber nicht alle in Anspruch genommen wurden. Mit Hilfe des "Agro-Joint"[38] konnte in den Folgejahren eine erfolgreiche Kooperative gegründet werden, die im Norden der Insel liegende Siedlung Sosua.[39] Die ersten 10 "Pioniere" erreichten Sosua am 16. März 1940, genau sechs Wochen, nachdem James N. Rosenberg den Vertrag mit Trujillo unterzeichnet hatte. Sie kamen jedoch nicht aus Europa, sondern der "Joint" hatte die Flüchtlinge - eine Familie und einige alleinstehende Männer - in der Hauptstadt Santo Domingo gefunden, die damals Ciudad Trujillo hieß. Die meisten hatten eine lange und qualvolle Odyssee hinter sich.

Die jüdische Hilfsorganisation "Joint" hatte Salomon Trone, einen pensionierten amerikanischen Ingenieur, mit seiner Frau nach Euro-

---

[37] Konnte als wörtliches Zitat nicht verifiziert werden.

[38] Spezielle Abteilung des American Jewish Joint Distribution Committee.

[39] Umfassende Darstellungen Sosuas: Marion A. Kaplan. Dominican Haven: The Jewish Refugee Settlement in Sosua. 1940–1945. New York, Museum of Jewish Heritage, 2008; Hans-Ulrich Dillmann, Susanne Heim, Fluchtpunkt Karibik. Jüdische Emigranten in der Dominikanischen Republik. Berlin 2009; Allen Wills. Tropical Zion. General Trujillo, FDR and the Jews of Sosua. Durham, N.C., 2009.

pa beordert, um dort Verfolgte zu retten. Eine Gruppe von 37 Personen und ein geschmuggeltes Baby trafen am 10. Mai 1940 aus Deutschland ein. Es folgte eine "Schweizer" Gruppe[40], danach kamen zwei "Luxemburger" Gruppen. Selbst Mitte 1947 trafen noch letzte jüdische Einwanderer ein, und zwar Flüchtlinge, welche die Kriegsjahre in Schanghai[41] verbracht hatten.

Wohl kaum einer der Touristinnen und Touristen, die heute scharenweise in der Dominikanischen Republik landen, um unbeschwerten Urlaub zu machen, ahnt etwas von der Geschichte des Ortes Sosua, der seit Anfang der 1990er Jahre durch den Billig-Tourismus überrollt wurde. Eingezwängt zwischen Hotelkomplexen im Stadtzentrum stehen eine Synagoge (Foto S. 84) und das kleine jüdische Museum.

Sosua wurde Anfang der 1940er Jahre von den aus Europa stammenden jüdischen Flüchtlingen urbar und in mühsamer Pionierarbeit zu einem üppig blühenden, fruchtbaren Garten gemacht. Bereits im Januar 1939 gab es Verhandlungen des "Joint" mit Rafael Leónidas Trujillo Molina, der sich bereit erklärt hatte, 100.000 jüdischen Flüchtlingen eine neue Heimat zu geben. Zuständig für die Verhandlungen mit Trujillo war die Delegation des "Agro-Joint" unter Leitung von James N. Rosenberg. Für die Niederlassung der Flüchtlinge war im Norden der Insel liegendes Brachland vorgesehen. Es wurde die Dominican Republic Settlement Association (DORSA) gegründet, die Rafael Leónidas Trujillo Molina für das 8.000 ha große Gelände 100.000 Dollar zahlte.

Zwischen der dominikanischen Regierung und der DORSA wurde am 30. Januar 1940 ein Vertrag unterzeichnet, der den Juden die Einreise auf die Insel gestattete und den Siedlern versicherte, "ein Leben frei von Belästigung, Diskriminierung oder Verfolgung führen zu können, mit voller religiöser Freiheit und deren Ausübung,[42] mit gleichen Chancen und gleichen zivilen und ökonomischen Rechten als auch allen anderen allgemeinen Menschenrechten".

---

[40] Sie wurde nach ihrem Abreiseland benannt und nicht nach ihrem Herkunftsland.

[41] Siehe Seite 9, Fußnote 3.

[42] Zugesichert in Artikel 1 des Vertrags vom 30. Januar 1940: "...to continue their lives and occupations free from molestation, discrimination or persecution, with full freedom of religion and religious ceremonials... "

Pionierarbeiten in Sosua (Fotos: Museo de la Comunidad Judía de Sosúa)

Einige Monate nach ihrer Ankunft begannen die europäischen Siedler mit der Hilfe von dominikanischen Landarbeitern die Aufzucht von 160 Stück Weidevieh. Anfänglich schien das Projekt wegen der Unerfahrenheit der Siedler zum Scheitern verurteilt, doch als der Experte Dr. David Stern 1944 aus Palästina zu Rate gezogen wurde, konnte er mit seinem Dreistufenplan den Anstoß zu einer florierenden Milch- und Fleischwirtschaft geben, die 40 Jahre erfolgreich war. Gutes Weideland bot beste Möglichkeiten für Milchwirtschaft, für die eigens Milchkühe aus Miami importiert wurden. Nach kurzer Zeit florierte das Geschäft mit Molkereiprodukten. Die "Productos de Sosua" sind immer noch auf der ganzen Insel beliebt. Heute gehörtdie Firma einem mexikanischen Konzern. Auch der Anbau von Bananen, Tabak, Zuckerrohr und verschiedenen Gemüsesorten wurde in Angriff genommen. Die neuen Agronomen hatten auch Erfolg mit der Hühnerzucht. Die über 700 jüdischen Exilantinnen und Exilanten machten Trujillos Brachland im Laufe der Zeit zu einem blühenden und ertragreichen Garten Eden.

Für die Arbeit auf der Tropeninsel hatten die Behörden nur gesunde und kräftige junge Leute ausgesucht, die zupacken konnten. Denn das unwegsame Gelände musste erst einmal gerodet werden. Aus dem Holz entstanden einfache, zweckmäßige Holzhäuser. Da die meisten Emigranten keinerlei Kenntnisse von Hausbau, Ackerbau und Viehzucht hatten, schickte ihnen der "Joint" Fachkräfte aus Palästina, die beim Aufbau des Dorfes behilflich waren. Vizepräsident war am Anfang Dr. Joseph Rosen, später übernahm – wie schon erwähnt – der Agrarspezialist Dr. David Stern aus Palästina das Amt des Direktors. Nach diesen beiden Gründungshelfern sind heute noch zwei Straßen in Sosua benannt.

Anfangs wurden nach Kibbuz-Art 10 Gemeinschaftsbaracken mit jeweils 30 Betten gebaut. Die Siedler gruben einen Brunnen, der vom nahegelegenen Flüsschen Sosua gespeist wurde. Sie schufen ihr eigenes Kanalisationssystem, bauten ein Krankenhaus und eine Apotheke. An guten Ärzten mangelte es im Dorf nicht, unter den Siedlern gab es sogar Kapazitäten. Bank und Bücherei entstanden, eine Zeitung wurde gegründet und die Synagoge (Seite 84) errichtet. Ein Kindergarten und eine Schule machten das neuentstandene Dorf komplett. Die Anschubfinanzierung der Neugründung übernahm der "Joint". Sobald ihre Arbeit Gewinn abwarf, zahlten die Siedler ihre

Schulden mit einem geringen Zinssatz zurück. Langsam konnten die Emigranten auch an ihre Freizeit denken. Sie gründeten Sportclubs, die gegen einheimische Vereine wie Santiago, Puerto Plata oder Bonao antraten. Es entstand ein Kino, und eine Pianistin lud zu Konzertabenden.

Eines der alten Wohnhäuser in Sosua im Kibbuzstil (Foto: Ingrid Decker)

Nach dem Ende des Zweiten Weltkriegs 1945 und der Gründung des Staates Israel 1948 verließen viele die tropische Insel mit ihrem drückend schwülen Klima. Manche fühlten sich auf der Insel eingeengt und suchten in den Vereinigten Staaten oder in Israel nach neuen Herausforderungen. Wiederum anderen war das Landleben zu beschwerlich, sie zogen in die größeren Städte wie Santo Domingo, Santiago oder Puerto Plata. 1995 wohnten keine 25 jüdischen Familien mehr im Ort. Die Nachfahren der Einwanderer sind ausnahmslos mit Einheimischen verheiratet. Schon länger war es schwierig, in der Synagoge einen Gottesdienst durchzuführen, weil bei bestimmten Gebeten und bei der Thora-Lesung mindestens 10 (ein "Minjan") Männer zugegen sein müssen, die es nicht mehr gab.

Zeitzeugen in Sosua

Hans Neumann aus Graz (1910–2005)

Da Hans Neumann in meiner Nachbarschaft in Mexiko-City wohnte, besuchte ich ihn öfter in seiner Wohnung in Polanco, wo er mir aus seinem langen Leben erzählte. Mich interessierten besonders seine Berichte über die Zeit, die er in der Dominikanischen Republik verbracht hatte, und nach vielen Begegnungen kamen in unseren Gesprächen etliche Details über den Diktator Trujillo und die jüdische Kolonie Sosua zutage.

Hans Neumann wurde am 10. Oktober 1910 in Graz geboren. Seine Eltern besaßen dort eine Ziegelei und stellten Schamott her, also feuerfestes Material für Brennöfen. Hans studierte Chemie, um später die Fabrik seiner Eltern übernehmen zu können.

Einen Teil seines Studiums absolvierte er in Prag. Dort hatte er nebenbei für die jüdische Hilfsorganisation HICEM[43] gearbeitet und konnte viele Einzelheiten über die weltweit tätigen jüdischen Wohlfahrtsorganisationen berichten. So hielten sich die polnischen und russischen Juden an den Brauch, ein Zehntel ihres Einkommens für wohltätige Zwecke zu spenden. Mit diesen Spenden konnte der "Joint" bedürftigen Menschen helfen, die aus ihrer Heimat fliehen mussten. Der "Agro-Joint" wurde 1924 in der Sowjetunion ins Leben gerufen und war dort bis 1938 aktiv, so Hans Neumann, als umgeschulte jüdische Kaufleute in der Ukraine, auf der Krim und in Weißrußland landwirtschaftliche Betriebe gründeten.[44] Juden überall auf der Welt versuchten, eine bestimmte Spenden-Quote zu erfüllen und jeden Monat Gelder zur Verfügung zu stellen.

In Prag ist Hans Neumann zufällig einmal Egon Erwin Kisch in einem Gasthaus begegnet, das er zusammen mit Kommilitonen aufgesucht hatte, um eine Limonade zu trinken. In einer Ecke ent-

[43] HICEM war eine während des Zweiten Weltkriegs aktive jüdische Hilfsorganisation, durch die ca. 90.000 Juden gerettet wurden; "HIAS" ist ein Acronym von HIAS (Hebrew Immigrant Aid Society), ICA (Jewish Colonization Association) und Emigdirekt (1921 als Vereinigtes Komitee für Auswanderung in Berlin gegründet).

[44] Time Magazine vom 2. April 1928: http://www.time.com/time/magazine/article/0,9171,731691,00.htm

deckten sie den leicht angeheiterten Schriftsteller Egon Erwin Kisch (1885–1948), der sie um ein Freibier bat, was sie von ihrem kargen Taschengeld denn auch spendierten. Später traf er diesen bekannten Schriftsteller in Mexiko wieder, der sich jedoch nicht mehr an die Begebenheit in Prag erinnern konnte. In Mexiko hat Hans Neumann in den 1940er Jahren auch Anna Seghers (1900–1983) getroffen: "Rot, rot, rot!", lautete sein Kommentar zu dieser Schriftstellerin.

Hans Neumann ging von Prag nach Mailand, wo er von einer jüdischen Hilfsorganisation wieder mit offenen Armen empfangen wurde. Die Österreicher erhielten nach dem "Anschluss" Österreichs an das Deutsche Reich am 12. März 1938 deutsche Pässe. Da man bei Hans Neumann das "J" für "Jude" in seinen Pass einzustempeln vergessen hatte,[45] konnte er sich in Europa relativ frei bewegen.

Hans Neumann wurde vom "Joint" in die Schweiz geschickt. Wie er berichtete, kam er dort am 30. August 1939 an, übernachtete in Lugano, weil er kein gültiges Visum besaß, wurde er am nächsten Tag festgenommen und kam ins Gefängnis just an dem Tag, an dem der Zweite Weltkrieg begann, nämlich am 1. September 1939.

Er kam in ein Schweizer Flüchtlings- und Arbeitslager[46] und wurde gezwungen, im Straßenbau zu arbeiten. In der Schweiz traf er einen Amerikaner, Salomon Trone, der ebenfalls für den "Joint" arbeitete. Er berichtete ihm, dass die Dominikanische Republik auf der Suche nach Landarbeitern sei. Hans Neumann war selbstverständlich daran interessiert, so schnell wie möglich Europa zu verlassen.

Hans Neumann erhielt ein Visum und fuhr im Februar 1941 von Genf durch das unbesetzte Frankreich über Spanien nach Portugal, wo er noch zwei Monate auf seine Ausreise warten musste. Für die Überfahrt in die Karibik zahlte er selbst nur die Hälfte seiner Schiffspassage, der Rest wurde von zwei jüdischen Hilfsorganisationen übernommen.

---

[45] Die österreichischen Behörden waren zu diesem Zeitpunkt in der Hinsicht anscheinend eher nachlässig; dazu "Ein Stempel hat gefehlt", op. cit. S. 53.

[46] Nach den Unterlagen von Hans Neumann war dies das bekannte Schweizer Emigrantenlager Girenbad/Hinwil, wo er am 30. Mai 1940 zu einer ärztlichen Untersuchung einbestellt wurde.

EIDGENÖSSISCHES
JUSTIZ- UND POLIZEIDEPARTEMENT

POLIZEIABTEILUNG
ARBEITSLAGER FÜR EMIGRANTEN

Ref. Nr. Sp.
Bitte in der Antwort angeben

ZL 630

Zürich, den 30.Mai 1940
Eidg. Techn. Hochschule, 41a,
Tel. 2 69 77.

Einschreiben.
Herrn
Hans Neumann,
Emigrantenlager,
Girenbad/Hinwil.

Auf Grund der Ihnen von der Polizeiabteilung des Eidgenössischen Justiz- und Polizeidepartementes zugegangenen Einweisung in ein Arbeitslager für Emigranten haben Sie sich am

Freitag,den 31.Mai 1940,14.00 Uhr

~~in / in~~ / bei

Herrn Dr.W.Amstad, Hinwil

zur ärztlichen Untersuchung zu stellen. Sollten Sie aus Krankheitsgründen zu dieser Untersuchung nicht erscheinen können, so haben Sie vorher ein ärztliches Zeugnis an die unterzeichnete Zentralleitung einzusenden.

Falls Sie tauglich befunden werden, so reisen Sie am

nach dem Arbeitslager für Emigranten:

ab. Die Verfügung über die Einweisung in ein Arbeitslager durch das Eidg. Justiz- und Polizeidepartement, sowie dieses Aufgebot haben Sie bis zum Eintritt ins Lager auf sich zu tragen und dort der Lagerleitung abzugeben.

Persönliche Ausrüstung: Ausgangskleider- und Schuhe, Arbeitskleider (unter den Ueberkleidern zu tragen: Hose & Pullover), Leibwäsche, Handtücher, Waschlappen, für je drei Wochen, Zahnpasta, Zahnbürste, Seife, Rasierzeug, Hausschuhe, event. Wetterschutz.

Bahnbillet: Gegen Vorweisung des beiliegenden Ausweises erhalten Sie das notwendige Bahnbillet.

ARBEITSLAGER FUER EMIGRANTEN
Der Chef der Zentralleitung:
Otto Zaugg
(Otto Zaugg)

Beilage:
Ausweis

Hans Neumanns Beleg für seinen Aufenthalt im Arbeitslager Girenbad/Hinwil

Er fuhr auf dem bekannten Emigrantenschiff "Serpa Pinto" und schlief in einer Hängematte im Frachtraum. Gleich zu Beginn der Reise lernte er auf dem Schiff eine Breslauer Fabrikantenfamilie kennen, die den jungen Mann tagsüber in die 1. Klasse einlud, und zwar unter dem Vorwand, Hans müsse ihren Kindern Unterricht erteilen.

Vor New York blieben die Emigranten 14 Tage auf Ellis Island und wurden dann unter großer Bewachung zur "Puerto Rican Line" geführt, die sie in die Dominikanische Republik beförderte. Seinerzeit hieß die Hauptstadt noch "Ciudad Trujillo", heute Santo Domingo. Die Reise in eine fremde Welt mit ungewisser Zukunft endete für die Europäer im Hafen von Puerto Plata im Norden der Insel (Foto S. 6). Die 20 Neuankömmlinge wurden von einem Empfangskomitee begrüßt.

Als Hans Neumann im Sommer des Jahres 1941 nach Sosua kam, hatten die Pioniere mit den Gemüseanpflanzungen und dem Hausbau bereits alle Hände voll zu tun. Hans aber war kein geübter Landarbeiter, ihm machte die Arbeit nicht einmal Spaß. Da er von Beruf Chemiker war und in der Grazer Ziegelei seines Vaters gearbeitet hatte, kam ihm zugute, dass die Regierung des Inselstaates Siedlungen aus Ziegelsteinen errichten wollte. Er zeigte seinen dominikanischen Gehilfen, wie zunächst die Holzformen gefertigt werden mußten, in denen die "Handschlagziegel"[47] geformt und dann gebrannt wurden. Wie Hans Neumann berichtete, stellten sich die Dominikanos bei dieser Arbeit sehr geschickt an, arbeiteten umsichtig und fleißig. Dieses Projekt scheiterte jedoch, als sich zeigte, dass Ziegelsteinhäuser für die Subtropen nicht geeignet waren, denn sie waren zwar feuchtigkeitsdurchlässig, ließen aber keine Ventilation zu. Die Ziegelsteine wurden später nur für das Fundament verwendet, der Rest der Häuser bestand aus einer Holzkonstruktion.

In dem feucht-heißen tropischen Dorf Sosua gab es am Anfang keine Elektrizität und auch kein kaltes Wasser. Getränke mussten lauwarm getrunken werden, Eiswürfel gab es nicht. Nur der Bäcker, der auch Torten machte, hatte ein Kühlaggregat, "einen elektrischen Eiskasten", wie Hans zu sagen pflegte. Bei ihm landete das meiste

---

[47] Bei der Herstellung von Handschlagziegeln wird der feuchte Ton mit aller Kraft in eine besandete Form (meist aus Holz) gedrückt und dann herausgeschlagen.

Taschengeld, die spärlichen 10 Dollar pro Woche, welche die Siedler erhielten. Auch Zigaretten verkaufte der Bäcker; damals gab es nur zwei Sorten, die eine hieß "Hollywood" und bestand aus gebleichtem Tabak, an den Namen der anderen konnte sich Hans nicht mehr erinnern, sie waren einfach naturbelassen.

Nachdem der Versuch der Errichtung von Ziegelsteinhäusern gescheitert war, wurde Hans Neumann in die Verwaltung für die Gemüse- und Obstverteilung in Sosua eingegliedert, doch diese Arbeit lag ihm nicht.

Damals war Dr. David Schweitzer leitender Direktor der kleinen Kommune in Sosua. Als Hans Neumann überraschend vom Präsidenten Rafael Trujillo in die Hauptstadt zitiert wurde, herrschte große Aufregung im Dorf, denn man wollte auf jeden Fall und unter allen Umständen einen guten Eindruck auf den Herrn der Insel machen. Dr. Schweitzer stellte Hans seinen Wagen mit Chauffeur zur Verfügung, der ihn zum Regierungspalast in Ciudad Trujillo brachte. Nach einem Vorgespräch mit einem Minister wurde Hans zum "Benefactor" ("Wohltäter") vorgelassen, wie sich der Diktator gerne nannte. Ein Übersetzer musste hinzugezogen werden.

Trujillo sprach von seiner Idee des Aufbaus einer keramischen Industrie und von seiner Suche nach einem Fachmann. Als Trujillos Privatangestellter sollte sich Hans Neumann künftig um die Erzeugung von Ziegel- und Fußbodenplatten kümmern. Er erhielt 60 Dollar für Kost und Logis und 100 Dollar zu seiner freien Verfügung. Zunächst wohnte er im berühmten Hotel Jaragua, dann suchte er sich eine bescheidenere Bleibe und, wie er sagte, eine Freundin. Sie brachte ihm Spanisch bei, denn in einem Monat wollte "El Jefe" Hans wiedersehen und sich mit ihm unterhalten können.

Hans Neumann machte sich auf die Suche nach der richtigen Tonmischung und erkundigte sich nach geeigneten Maschinen, die er in den USA fand. Nach zwei Jahren war die Fabrik betriebsbereit, und er hoffte darauf, die Leitung des gesamten Werkes zu übernehmen. Aber es kam anders. Trujillo hatte eine dominikanische Abordnung mit seinen Neffen in die Vereinigten Staaten geschickt, wo sie ausgebildet wurden, um später das Werk zu leiten. Hans Neumann war enttäuscht und fühlte sich übergangen

Aber "Landesvater" Trujillo hatte bereits eine andere Aufgabe für seinen neuen Vertrauten: die Leitung des staatlichen Untersuchungslaboratoriums. Hans Neumann zeigte mir stolz zwei offizielle Schreiben, die ihn als einstigen Techniker im "Laboratorio Nacional" ausweisen. So kam es, dass er sonntags die Dopingkontrolle der Rennpferde vornahm, wobei die Pferde des Diktators ausgenommen waren. Wenn Not am Mann war, half Hans Neumann auch beim Verabreichen von Spritzen an Prostituierte, die alle 14 Tag auf Geschlechtskrankheiten untersucht wurden. Diese Frauen erhielten routinemäßig zur Vorbeugung eine ordentliche Dosis Antibiotika injiziert. Als einmal eine Leiche untersucht werden musste und der Pathologe gerade nicht zur Stelle war, übernahm Hans die Analyse der Proben und stellte fest, dass das Opfer vergiftet worden war. Er erzählte mir von einer tödlichen Pflanze, deren Giftstoff eine halbe Stunde nach Einnahme im Körper nicht mehr nachweisbar ist.

Als Trujillos jüngerer Sohn Rafael (Rafaelito) nach einer schweren Krankheit nicht mehr auf die Beine kam, musste Hans Neumann monatelang die Leber von Haien extrahieren und die in Flaschen abgefüllte kostbare und stärkende Flüssigkeit dem Präsidenten persönlich überreichen. Wie mich Hans Neumann aufklärte, soll Dorschleber ergiebiger sein, aber in diesem Falle hatte Haileber eine stärkere Wirkung, und Haie gab es genug.

Der "Benefactor" war auch dafür bekannt, dass er seine Kritiker einfach verschwinden ließ. Wie mir Hans Neumann erzählte, wurden Regimekritiker durch den direkt am Meer liegenden Schlachthof geführt. Hier wurden Schlachtabfälle durch einen Schacht entsorgt, der geradewegs in eine Bucht führte, wo sich die Haie nur so tummelten. Man munkelte auf der Insel, dass bei der Besichtigung der Anlage unliebsame Gegner zusammen mit den Fleischabfällen ins Meer gestoßen wurden, wo sie gierige Haie sofort mit Haut, Haar und Kleidung fraßen.

Hector, ein Bruder Trujillos, hatte als Kriegsminister einen einträglichen Nebenerwerb. Alle drei bis vier Wochen schickte er eine Gruppe junger Frauen mit Trujillos Yacht "Angelina" als Zwangsprostituierte auf die Insel Aruba, wo sich im Hafen von San Nicolás eine Ölraffinerie befand und wo unter der ohnehin spärlichen Bevölkerung kaum Frauen lebten.

Rafael Leonidas Trujillo Molina

Presidente de la República Dominicana

En virtud de las atribuciones que me confiere el artículo 49 de la Constitución del Estado, he resuelto nombrar a

HANS NEUMANN

Auxiliar Técnico del Laboratorio Nacional.

efectivo el día de toma de posesión.

Este nombramiento, para los fines legales, será registrado en la Secretaría de Estado de la Presidencia, en la de Sanidad y Asistencia Pública - - - - - - - - - - en la Tesorería y en la Auditoría y Contraloría General.

Dado en Ciudad Trujillo, Capital de la República, a los 9 - - días del mes de septiembre de 1944.

Secretario de Estado de Sanidad y Asistencia Pública.

Secretario de Estado de la Presidencia

Registrado:

No. 3658 fecha 11 de Sept.1944.

No. 47295 fecha 9 de Sept., 1944.

Oficial Mayor de la Secretaría de E.de Sanidad y Asistencia Pública.

Ayudante del Secretario de Estado

Hans Neumanns Ernennung zum Mitarbeiter im nationalen Gesundheitslabor unterschrieben vom Präsidenten Trujillo (Privatarchiv Hans Neumann)

Hector Trujillo wusste diese "Marktlücke" über lange Zeit zu schließen. Bei der Rückkehr mussten die jungen Frauen am Hafen von Ciudad Trujillo die Kleider und der Schmuck, mit dem man sie ausstaffiert hatte, und natürlich das verdiente Geld abliefern.

Als Hans Neumann erfuhr, dass Diktator Trujillo, der anscheinend Wohlgefallen an dem jungen Österreicher gefunden hatte, ihn mit einer Nichte, einer hübschen Mulattin, die in Paris an der Sorbonne studiert hatte, verheiraten wollte, überkam ihn Panik. Verheiratung war eine beliebte Strategie des Präsidenten, denn Verwandte konnte er besser kontrollieren.[48] Noch bevor der Diktator persönlich Hans Neumann mit dieser Neuigkeit überraschen konnte, gab dieser vor, in Erbschaftsangelegenheiten nach Mexiko reisen zu müssen.

In der Tat hatte Hans einen Cousin in Mexiko-City, dem er bereits geschrieben hatte. Der Cousin hatte prompt reagiert und ein Visum besorgt. In der Annahme, dass Hans zurückkehren würde, gestattete ihm der Diktator großzügig einen dreimonatigen Urlaub und finanzielle Mittel, welche die Reisekosten deckten. Als der Zeitpunkt verstrichen war, erklärte Hans Neumann in der Dominikanischen Botschaft in Mexiko, dass er nicht mehr zurückkommen könne. Er hatte inzwischen die junge Malerin Emmi Pollock geheiratet, die aus Gelsenkirchen stammte und in Glasgow Kunst studiert hatte.

Hans Neumann lebte von 1941 bis 1947 in der Dominikanischen Republik. Inzwischen war Mexiko sein Zuhause geworden. Von seinen Reisen nach Europa mit Abstechern nach Österreich ist er immer wieder gerne nach Mexiko zurückgekehrt. An seinem 90. Geburtstag im Jahr 2000 war Hans Neumann geistig und körperlich noch sehr rege.

Er gehörte zu den Kavalieren der alten Schule und begrüßte Damen mit einem Handkuss. Er war ein netter, charmanter Unterhalter und nahm an allen Dingen des (nicht nur jüdischen) Lebens teil. 2001 unternahm er eine Schiffsreise, die ihn noch einmal nach Santo Domingo führte, wo er sechs Jahre seines Lebens verbracht hatte, und er schwelgte in alten Erinnerungen.

---

[48] Trujillo sortierte nicht nur die Fachleute mit anwendbarem Wissen für sich aus, Elektroingenieure, Brückenbauer, Ärzte, etc; er nahm Intellektuelle wie Handwerker und Bauern, beschäftigte und überwachte sie; nach Hilde Domin, Gesammelte autobiographische Schriften. Fast ein Lebenslauf. Frankfurt am Main 2005, S. 99f.

Hans Neumann (Foto: Ingrid Decker)

Am 22. Juni 2005 verstarb Hans Neumann in seiner Wohnung in Polanco. Außer einem Neffen, der in London lebt, hatte er keine Angehörigen. Er wurde auf einem kleinen jüdischen Friedhof im Süden der mexikanischen Hauptstadt beigesetzt.

Elisabeth (Elli) Koch Thau aus Wien (1918–2004)

Dies ist die etwas andere Überlebensgeschichte einer Jüdin, welche die Kriegsjahre in dem von den Deutschen besetzten Frankreich unter widrigsten Umständen überlebt hatte. Beherzt und unerschrokken nahm Elisabeth (Elli) Koch jede Herausforderung an, und anstatt sich zu verstecken, nutzte sie ihr "arisches" Aussehen und begab sich immer wieder in die "Höhle des Löwen", aus der sie zum Glück stets heil heraus kam.

Elisabeth (Elli) Koch Thau (Foto: Ingrid Decker)

Sie verdankt nicht nur einigen deutschen Soldaten ihr Leben, sie hat es größtenteils sich selbst zu verdanken, denn durch ihr geschicktes und diplomatisches Auftreten, ihr angenehmes Äußeres und ihre natürliche und hilfsbereite Art hatte sie die Herzen ihrer Feinde erweichen können. Trotzdem gehörte zum Überleben dieser Frau während der Nazizeit eine gehörige Portion Glück, und daran hat es ihr nicht gemangelt.

Nur wenige Tage vor dem Ende des Ersten Weltkrieges (11. November 1918) wurde Elisabeth Koch in Kolomea im damaligen Galizien geboren. Ihr Vater hatte ihr wieder und wieder von ihrer dramatischen Geburt erzählt, die unter widrigsten Umständen stattgefunden hatte. Während der letzten Kampfhandlungen des Krieges hatte er die Hebamme aufgesucht und sie unter Lebensgefahr rechtzeitig zur Geburt der ersten und einzigen Tochter nach Hause gebracht.

Vater Karl-Michael Koch war Leutnant und lernte im besetzten Polen Berta Klinger kennen, die Tochter eines Rabbiners. Sie heirateten, 1916 wurde ihr Sohn Felix geboren.

Nach Kriegsende zog Karl-Michael Koch mit seiner Frau und den beiden Kinder in seine Heimatstadt Wien, wo er sein Studium der Physik, Chemie, Mathematik und Philosophie wieder aufnahm und später an einem Wiener Gymnasium sowie in der Universität unterrichtete. In Wien wurde 1922 ihr Sohn Fritz geboren. Die Familie hatte ihr Auskommen, das Gehalt des Professors war jedoch nicht üppig. Kleine Ausflüge aufs Land gab es nur für die Buben. Elli liebte es, in der Nähe ihrer Mutter zu sein, zu der sie zeitlebens eine enge Beziehung hatte. Der Vater war ein strenger Patriarch, und die Eltern rieben sich unnötigerweise an vielen Kleinigkeiten auf. Während der Vater sich intensiv seinen Schülern widmete und ausgiebig mit der Wissenschaft beschäftigte, die Kunst und die klassische Oper liebte, war die Mutter keine Intellektuelle. Berta Koch war eine gut aussehende und sehr bodenständige Frau, sie tanzte gerne und war in der Lage, stundenlang Anekdoten und Witze zu erzählen.

Die Freizeit musste "sinnvoll" gestaltet werden. Vergnügungen, wie Kinobesuche, wurden als sinnloser Zeitvertreib angesehen und im Hause Koch nicht geduldet. Den Kindern wurde nur erlaubt, Schach zu spielen oder Kreuzworträtsel zu lösen, denn das Lernen stand immer an erster Stelle. Der Vater bestrafte Elli, weil sie Linkshänderin war. Sie musste bei den gemeinsamen Mahlzeiten an einem Extratisch so lange üben, bis sie mit der rechten Hand essen konnte. Doch Elli benutzte weiterhin ihre linke Hand zum Essen und Schreiben, alle drastischen Maßnahmen blieben ohne Erfolg. Die Jahre vergingen, alle Kinder bekamen eine erstklassige Ausbildung.

Als Elli sich mit 17 Jahren in einen nichtjüdischen Schulkameraden verliebte, versuchte die Mutter, ihr diese Freundschaft auszureden: Solche Verbindungen seien nicht von Dauer. Und seit Hitler in Deutschland an der Macht war, machte sich der Antisemitismus jeden Tag stärker bemerkbar. Jenseits der Grenze waren gerade durch die Nürnberger Gesetze den Juden alle staatsbürgerlichen Rechte entzogen worden. Ehen und außereheliche sexuelle Beziehungen zwischen Juden und "Ariern" wurden verboten. Berta Koch machte sich zurecht Gedanken über die unglückliche Verbindung ihrer Tochter mit dem jungen Mann, die von vornherein zum Scheitern verurteilt schien. Aber welcher junge Mensch lässt sich schon gern in seine Liebe hineinreden? Die jungen Verliebten schmiedeten Zukunftspläne und verbrachten jede freie Minute miteinander. Die Eltern schickten daraufhin Elli für einige Zeit zur Schwester von Ellis Mutter nach Metz.

So begab sich Elli allein auf ihre erste große Reise ins Ausland. Mit Frankreich verband sie in Gedanken die Großstadt Paris, und so war ihre Enttäuschung groß, als sie in der Provinzstadt Metz ankam. Onkel und Tante, die ein bedeutendes Möbel- und Dekorationsgeschäft führten, waren gutsituierte Leute und behandelten Elli wie ihr eigenes Kind. Obwohl Elli alles haben konnte, hatte sie Heimweh nach ihrer Mutter und nach Wien. Vor allem trauerte sie ihrer großen Liebe nach.

Da kam am 13. März 1938 die Nachricht vom "Anschluß" Österreichs an das Deutsche Reich. Ellis Situation im Haus der Verwandten hatte sich schlagartig geändert: Von nun an war sie kein Gast mehr, sondern Flüchtling. Onkel und Tante setzten Elli zu, ihren taubstummen Sohn David zu heiraten. Durch diese Ehe werde sie zur Französin und habe nichts mehr zu befürchten. Elli sah keinen anderen Ausweg, als ihren behinderten Vetter zu ehelichen. Todunglücklich dachte sie an den jungen Mann, den sie in Wien zurückgelassen hatte, der sich aber anscheinend nicht einmal darum bemühte, Elli in Frankreich ausfindig zu machen. Tante und Onkel richteten ein großartiges Hochzeitsfest aus, es wurde an nichts gespart. Der einzige unglückliche Mensch bei diesem sonst fröhlichen Ereignis war die Braut.

Im Jahr des "Anschlusses" 1938 machte sich Ellis Bruder Felix gemeinsam mit zwei Kameraden aus Wien heimlich auf den Weg nach Luxemburg, das sie auf abenteuerliche Weise erreichten. Während Elli und ihr älterer Bruder Felix also in Frankreich und Luxemburg vorläufig gerettet waren, lebten die Mutter und der jüngere Bruder Fritz noch in Wien. Vater Karl-Michael Koch war in die Sowjetunion geflohen.

Elli wollte nun auf dem schnellsten Weg ihre Mutter und den jüngeren Bruder aus Wien holen. Sie besaß ja einen französischen Pass und war nun "Madame Thau". Ein mit der Familie Thau befreundetes Parlamentsmitglied versprach, alles zu tun, um Ellis Mutter nach Frankreich zu holen.

In der Zwischenzeit hatte sie von der gelungenen Flucht ihres älteren Bruders Felix nach Luxemburg erfahren, sie besuchte ihn dort und versorgte ihn mit Lebensmitteln. Im Bahnhof von Luxemburg konnte Elli schließlich auch den jüngeren Bruder Fritz begrüßen, der inzwischen ein hochgewachsener junger Mann geworden war, den sie fast nicht erkannte. Die Freude war groß, zumal Fritz die Adresse des neuen Verstecks der Mutter mitbrachte. Der Bruder war laut Elli zusammen mit etlichen jüdischen Flüchtlingen in zwei Hotels untergebracht; das eine war für die Frauen, das andere für die Männer reserviert.

Im Frühjahr 1940 begann die deutsche "Westoffensive", und schon Mitte Juni stand die deutsche Wehrmacht in Paris.

Elli, ihr taubstummer Mann, Onkel, Tante, Cousin Charles, Cousine Regine und einige andere Verwandte versteckten sich während der Eroberung drei Tage und Nächte im Keller ihres Hauses in Metz. Anschließend verlagerten sie ihre Handelsware ins nahegelegene Vittel und suchten nach einer sicheren Unterkunft. Schließlich gelangte die Familie nach Bordeaux,[49] wo damals viele jüdische Flüchtlinge Zuflucht gesucht hatten.

[49] Ende Juni 1940 unterzeichnete eine französische Delegation im Auftrag des Marschalls Henri Philippe Pétain (1856–1951) das Waffenstillstandsabkommen mit Hitler-Deutschland. Dieses zerteilte das französische Staatsgebiet in eine besetzte Zone entlang der nördlichen Küste und in ein unbesetztes Gebiet im Süden und Südwesten des Landes. Die Grenze zum "freien" Vichy Frankreich war nur 50 km von Bordeaux entfernt. Vichy war von 1940–1944 Sitz der Regierung Pétain.

Familie Thau lebte nun in einem von Deutschen besetzten und verwalteten Gebiet. Die Nazis verloren auch hier keine Zeit, ihre Gräueltaten fortzusetzen. Als erste "Amtshandlung" demolierten und plünderten sie jüdische Geschäfte. Die Juden mussten nun auch hier den "Judenstern" tragen. Auf ihre Pässe und Kennkarten wurde ein "J" für "Jude" gestempelt.

Elli, die mit ihren blonden Haaren und blauen Augen "arisch" aussah, war immer darauf bedacht, dass man ein Goldkreuz an ihrem Halse sah. Sie weigerte sich strikt, einen Judenstern zu tragen und ließ sich auch nicht in ihrer Bewegungsfreiheit einschränken. Eines Tages gab sie an, ihre Papiere verloren zu haben und bekam einen neuen Ausweis ausgestellt. Wenn sie nach ihrer Religion gefragt wurde, gab sie "katholisch" an.

"Judenstern" (von Spitze zu Spitze 9 cm)

Zu diesem Zeitpunkt hatte Elli keine Ahnung, wo sich ihre Brüder und ihre Mutter aufhielten. Eines Tages machte sie ihrem Onkel den Vorschlag, bei der deutschen Kommandantur einen Passierschein zu beantragen, um nach Vittel reisen und dort eingelagerte Ware holen zu können.

Bei der Kommandantur umschmeichelte Elli den jungen diensthabenden Soldaten, und er stellte sofort wohlwollend zwei Passierscheine aus. Mit dem einen fuhren Onkel und Nichte mit einem Lieferwagen nach Vittel, mit dem anderen wollte Elli allein nach Metz weiterreisen. Unterwegs bekamen sie anstandslos Benzin und gelangten ohne Schwierigkeiten nach Vittel.

In Vittel erfuhren sie, dass die Deutschen alle Güter beschlagnahmt hatten. Sollten der lange Weg und die vielen Anstrengungen umsonst gewesen sein? In der Kommandantur verlangten Elli und ihr Onkel ihr Hab und Gut zurück, worauf man ihnen jedoch erklärte, diese Ware sei kein Privateigentum mehr, sondern gehöre jetzt dem deutschen Staat. Elli kämpfte wie eine Löwin, und schließlich gestand man ihr zu, die wenigen noch vorhandenen Waren an Ort und Stelle an Wehrmachtsangehörige zu verkaufen. Mit diesen Einnahmen konnte die sechsköpfige Familie endlich wieder die notwendigsten Dinge einkaufen.

Immer wenn die Tante Elli beim Weggehen ermahnte: "Wie kannst du *ohne* Judenstern ausgehen?", erwiderte diese: "Wie könnte ich *mit* Judenstern ausgehen?" Sie mied die Cafés, die nur für Juden bestimmt waren, denn hier konnten die Deutschen jederzeit zuschlagen. Eines Tages ging sie mit ihrer um einige Jahre jüngeren Cousine Regine in ein "normales" Café, an dem ein Schild hing: "Für Juden Zutritt verboten!" Die beiden jungen Frauen setzten sich im Café an einen Tisch, bestellten Kaffee und Kuchen, und Elli bemerkte, wie sie die Aufmerksamkeit dreier deutscher Offiziere auf sich zog, die am Nebentisch saßen. Einer von ihnen kam an Ellis Tisch, und obwohl sich Elli mit Regine auf französisch unterhielt, fragte er sie, ob sie Deutsche sei. Elli war erstaunt und erschrocken und wollte wissen, wieso er das annehme. Er gab ihr unverblümt zu verstehen, dass die Art, wie sie sich hingesetzt habe, sehr deutsch sei.

Als der junge Offizier von Elli wissen wollte, was sie in Bordeaux mache, sagt sie ihm ganz offen, dass sie Jüdin sei und sich ständig verstecken müsse, da die Deutschen bekanntlich die Juden verfolgten. Der junge Offizier hätte Elli sehr gefährlich werden können. Vielleicht haben ihn ihre Worte, ihr energisches Auftreten, ihre ganze Erscheinung beeindruckt. Jedenfalls hatte er sie nicht denunziert!

Von diesem Tag an änderte Elli ihr "Hinsetz-Gebaren", denn sie durfte keinesfalls als Deutsche auffallen. Sie schlug von nun an die wohlgeformten Beine dekorativ übereinander, ließ den Rocksaum ein paar Zentimeter höher rutschen und zündete sich beim Hinsetzen eine Zigarette an. Nun verwechselte man sie nicht mehr mit einer Deutschen.

Charles, Ellis jüngerer Vetter, war mit seinen damals 12 Jahren bereits sehr geschäftstüchtig und suchte sich bei den deutschen Soldaten auf der Straße Übersetzungsjobs. Da er auch blond und blauäugig war, schöpfte niemand Verdacht, dass er jüdisch sein könnte. Er vermittelte Elli eine Stelle in einem Tabakladen, wo sie dolmetschte.

Natürlich fanden die jungen Männer Gefallen an der hübschen Blondine und hätten sie gerne eingeladen. Aber jedes Mal erfand sie andere herzzerreißende Geschichte, um der Einladung der jungen Soldaten zu entgehen. Manchmal erzählte sie von ihren drei Kindern, die sie zu versorgen habe, ein andermal sprach sie von ihrem verwundeten Mann, den sie zu Hause pflegen müsse. Jedem tischte sie eine andere Variante ihrer Geschichten auf, um nicht ausgehen zu müssen. Einerseits konnte sich Elli in diesem Laden zwar etwas dazuverdienen, andererseits verstrickte sie sich jedoch immer mehr in Schauer- und Lügengeschichten. Als ihre Situation zu heikel wurde, gab sie ihre Tätigkeit auf.

Anschließend stellte sie ein Spanier wegen ihrer Deutschkenntnisse als Schreibkraft ein. Dieser kaufte waggonweise Obst und Gemüse und verkaufte es den Deutschen. Elli stellte die Rechnungen auf deutsch aus, was die lange Wartezeit einer Übersetzung ersparte, und das Geld konnte sofort kassiert werden. Der Spanier machte während dieser Zeit sehr gute Geschäfte, darum kaufte er ihr in Bayonne[50] in einem kleinen Geschäft, das vom Schwarzhandel lebte, Geschenke für sie und ihre Familie.

Im Bahnhof von Bayonne standen einige Waggons auf dem Abstellgleis, die von einem Bewaffneten bewacht wurden.[51] Auf Ellis Be-

---

[50] Atlantikhafen an der französisch-spanischen Grenze, damals deutschbesetzt.

[51] Susanne Heim und Thomas Schmid berichten von einem letzten Zug von Bayonne nach Lissabon im Jahr 1942: http://www.berlinonline.de. Einen ähnlichen Weg schildert Arturo Kirchheimer in einem Artikel von Michael Merkle "Das Wunder von Sosua" 11.10.2009. www.die juedische.at.

fragen, was es mit den Waggons auf sich habe, antwortete der Wachmann, dass sich in diesem Zug Juden aus Luxemburg befänden, die er bewachen müsse, da sie das Gelände nicht verlassen dürften. Beim Stichwort "Juden aus Luxemburg" wurde Elli hellhörig. Sie bat, nach ihrem Luxemburger Freund Ausschau halten zu dürfen, der ja vielleicht dabei sein könne. Elli ließ nicht locker, und mit ihrem süßen Lächeln und ihren himmelblauen Augen stimmte sie den Wachmann schließlich um. Er rief ihr noch nach: "Pass auf, es sind Juden dort drin!"

Während sie am Zug entlang lief, der mit Menschen vollgestopft war, erkannten sie Leute aus Luxemburg wieder, die riefen: "Fritz, Fritz, deine Schwester ist da!" Fritz sprang so schnell es ging aus dem Zug, und die Geschwister lagen sich in den Armen. Aber da kam auch schon der französische Wachmann aufgeregt angerannt und rief: "Schnell in den Zug, damit die Deutschen Sie nicht sehen!" Der ältere Bruder, Felix, der gerade seine vom Roten Kreuz ausgeteilte Suppe löffelte, ließ sein Essgeschirr fallen, als er Elli sah. Inzwischen hatte er Gerda geheiratet, die er in Luxemburg kennengelernt hatte und mit der er in die Dominikanische Republik ausreisen wollte.

Diese 50 Luxemburger Emigranten durften trotz ihrer Visa für die Dominikanische Republik die spanische Grenze nicht passieren. Sie hatten die Freiheit vor Augen, konnten jedoch den Abfahrtshafen Lissabon vorläufig nicht erreichen, sie steckten mehrere Monate in Bayonne fest.

In der Grenzstadt befand sich bereits ein von den Deutschen errichtetes Lager, in dem ca. 4.000 jüdische Flüchtlinge aus Deutschland untergebracht waren. Die Deutschen hatten für Emigranten, die auf der Durchreise nach Portugal waren, jedoch von den Spaniern keine Einreiseerlaubnis erhielten, in einem alten Weinlager eine Notunterkunft eingerichtet. [52]

Von ihren Brüdern bekam Elli endlich die neue Adresse ihrer Mutter, die sich noch immer in Wien aufhielt. Seit sie selbst auf der Flucht war, hatte sie nichts mehr von ihr gehört, nun konnte sie versuchen, wieder Kontakt mit ihr aufzunehmen. Elli fuhr jetzt öfter in

[52] Paul Cerf, "Longtemps j'aurai mémoire", Dokumente von Zeitzeugen über die Juden in Luxemburg während des Zweiten Weltkrieges. Luxemburg 1974.

die Grenzstadt Bayonne und besuchte ihre Brüder, musste aber ständig auf der Hut sein. Damals starb ihr Onkel in Bordeaux nach einer Schilddrüsenoperation. Ellis Brüder konnten es irgendwie einrichten, heimlich an der Beerdigung teilzunehmen. Als der Wachhabende, der die Aufsicht über die Gefangenen hatte, eines Tages zu Elli sagte: "Sie sind ja die Judenmutter hier!", war das ein Zeichen aufzupassen. Es war Ellis letzter Besuch bei ihren Brüdern und den Luxemburger Freunden, denn sie wusste, dass diese bald in Sicherheit sein würden.

Elli konnte nun tatsächlich auch Verbindung mit ihrer Mutter aufnehmen und versprach ihr, sie so bald wie möglich nach Frankreich zu holen. Inzwischen hatte sie von einer Wienerin gehört, die für die Wehrmacht und für die französische Préfecture Übersetzungen machte und auch Passierscheine ausstellte. Diese Frau Schneider war zusammen mit ihrem Mann, einen damals berühmten Fußballspieler, nach einem Spiel in Algerien in Bordeaux geblieben. Von ihr erhielt sie Passierscheine für ihre Tante und deren drei Kinder ins unbesetzte Frankreich. Wegen der Ausreise ihrer Mutter aus Wien gab Frau Schneider Elli folgenden Rat:

"Wenn Sie Ihre Mutter retten wollen, sollten Sie sich bei der Kriegsmarine-Dienststelle bewerben, die sucht immer Angestellte, die in Frankreich wohnen und deutsch sprechen, damit sparen sie sich das Personal aus Deutschland. Und wenn Sie vier oder fünf Monate dort gearbeitet haben, beantragen Sie Heimaturlaub. Mit dem Urlaubsschein holen Sie Ihre Mutter nach Frankreich. Geht die Sache gut, so haben Sie beide Glück gehabt, geht es schief, dann sind Sie beide verloren!"

Bereits am nächsten Tag meldete sich Elli bei der deutschen Kriegsmarine-Dienststelle, fragte nach Arbeit und hatte Erfolg. Ihr Vorgesetzter wurde ein Herr Kleemann, an dessen Rang sie sich nicht mehr erinnert. Sie hatte bei dieser Dienststelle die ein- und ausgehende Post zu registrieren und Botengänge zu machen. Nach kurzer Zeit erledigte sie die ihr aufgetragenen Arbeiten zur größten Zufriedenheit aller. Da Elli immer hilfsbereit und mit dem Fahrrad sehr flexibel war, erledigte sie auch inoffizielle Aufträge ihrer Kollegen prompt. Sie besorgte Eier, Stoffe oder Strümpfe. Von ihrem Chef wurde Elli sogar gebeten, für seine Frau Seidenstrümpfe und andere Luxusartikel zu kaufen.

Da Ellis Tante mit ihren beiden jüngeren Kindern im unbesetzten Teil Frankreichs Unterschlupf gefunden hatte, war Elli in Bordeaux zunächst bei Bekannten untergekommen. Da ließ ihr Chef eigens für sie eine Wohnung beschlagnahmen, damit sie als Angestellte der Kriegsmarine-Dienststelle "standesgemäß" untergebracht war. Der Gedanke, dass jemand ihretwegen die Wohnung räumen musste, war ihr natürlich äußerst unangenehm.

Eines Tages saß Elli beim Mittagessen mit ihren beiden Arbeitskolleginnen, zwei Schwestern aus Hamburg, an einem Tisch. Eine der Schwestern nahm ihr Wasserglas und sagte: "Wenn ich wüsste, dass aus diesem Glas eine Jüdin getrunken hätte, würde ich sterben!" Demonstrativ nahm Elli einen kräftigen Schluck aus deren Glas und stellte es wieder zurück. Im Laufe der Zeit entstand ein sehr herzliches Verhältnis. Lange ahnten die Schwestern nicht, dass Elli Jüdin war. Nach drei Monaten bei der Kriegsmarine-Dienststelle fühlte sich Elli, die täglich forsch den Hitler-Gruß "Heil Hitler!" benutzte, selbst gar nicht mehr wie eine Verfolgte.

In Arcachon durften die Angestellten der Kriegsmarine auf einem schönen Sitz am Meer die Wochenenden oder die Ferien verbringen. Elli fühlte sich in diesem Ferienparadies wie eine Fürstin. Aber die Angst, jeden Moment entdeckt zu werden, strapazierte ihre Nerven. Eines Tages passierte, was Elli immer befürchtet hatte. Jemand denunzierte sie bei der Kriegsmarine. Ihr Chef stellte sie zur Rede, und wortgewandt erzählte Elli vom jüdischen Austauschstudenten aus Frankreich, den sie in Wien durch ihren Vater, der ja Professor am Gymnasium war, kennen gelernt hatte. Als sie ihn in Frankreich besuchte, habe sie der Reichtum der Familie beeindruckt. Bei der Heirat habe sie mit ihren 18 Jahren nicht daran gedacht, dass ihr Mann Jude sei. Jetzt lebe sie von ihm getrennt, er halte sich im unbesetzten Teil Frankreichs auf. Also resümierte ihr Chef: "Frau Thau war zum Zeitpunkt der Ehe minderjährig und sich der Rassenschande nicht bewusst." Er drängte darauf, dass Elli sofort ihre Scheidung beantragte.

Kurze Zeit nach diesem Ereignis feierte die Kriegsmarine ein großes Fest. Die "Bismarck" hatte am 24. Mai 1941 das britische Flaggschiff "Hood" versenkt,[53] dies war ein Grund zum Feiern. Der Admiral selbst lud alle Angestellten der Dienststelle zu diesem Festakt ein. Natürlich war auch Elli mit ihren beiden Freundinnen dabei. Als die Feier ihren Höhepunkt erreicht hatte, alle zufrieden und glücklich waren, begann Elli zu weinen. Unter Tränen berichtete sie, dass sie Heimweh nach Wien habe, und ein jovialer Vorgesetzter ließ für sie einen Urlaubsschein ausstellen. So kam es dazu, dass eine Jüdin mitten im Krieg unbehelligt in einem Wehrmachtszug nach Wien fuhr.

Zu diesem Zeitpunkt (1941) mussten die in Wien verbliebenen Juden in Sammelquartieren in der Leopoldstadt auf den Weitertransport ins Ungewisse warten.[54] Ellis Mutter hatte jedoch nie auf Behördenbescheide reagiert, sie hatte in einem Kellerversteck darauf gehofft, dass ihre Tochter käme. Nun war es endlich soweit. Mutter und Tochter fielen sich nach langer Zeit in die Arme. Ohne viel Zeit zu verlieren, verwirklichte Elli ihren Rettungsplan. Sie ließ ihrer Mutter die Rückfahrkarte da, kaufte sich selbst eine neue Karte und fuhr mit ihrem Urlaubsschein zurück nach Bordeaux. Auf das 14 Tage gültige Dokument setzte sie das Bild ihrer Mutter und stempelte alles ordnungsgemäß ab. Sie saß ja an der Quelle! Das Geburtsjahr auf dem Schein konnte leicht geändert werden. Schließlich schickte Elli dieses kostbare Papier mit einem Begleitschreiben nach Wien: "Liebe Frau Koch, versehentlich habe ich Ihre Urlaubsbescheinigung mitgenommen und lege sie diesem Brief bei, damit Sie noch rechtzeitig von Ihrem Urlaub zurückkommen können."

Bis zur Ankunft ihrer Mutter hatte Elli keine ruhige Minute mehr; die letzten drei Tage und Nächte vor ihrer Ankunft wurden für sie zum Alptraum. Eines Morgens stieg die Mutter dann in Bordeaux wohlbehalten aus dem Wehrmachtszug. Sofort bereitete Elli die Reise ihrer Mutter ins unbesetzte Frankreich vor, wo sie bei ihrer Schwester und deren beiden Kindern (die sie seit 24 Jahren nicht mehr gesehen hatte) in Agde bei Montpellier unterkommen sollte.

---

[53] Bevor sie selbst drei Tage später von britischen Torpedos getroffen wurde und südwestlich vor Irland im Atlantik versank.

[54] Winfried R. Garscha, "Holocaust On Trial – The Deportation of the Viennese Jews Between 1941 and 1942 and the Austrian Judiciary After 1945." In: Günter Bischof/Anton Pelinka (Eds.), Austria and the EU. Contemporary Austrian Studies, Volume 10, 2002.

Elli wollte jetzt nur noch ihr letztes Monatsgehalt kassieren und dann nachkommen.

Nur wenige Tage nachdem die Mutter aus Bordeaux abgereist war, rief der Chef Elli zu sich und teilte ihr mit, dass er aus Wien den Hinweis bekommen habe, dass sie Jüdin sei. Ellis Schilderung zufolge berieten sich daraufhin ihre Vorgesetzten und drängten sie dann, Bordeaux so schnell wie möglich zu verlassen.

Elli fuhr geradewegs nach Nizza, wohin ihre Mutter mit ihrer Schwester und den beiden Kindern inzwischen übersiedelt waren.

Auch Ellis taubstummer Mann David war in Südfrankreich untergekommen und hatte Arbeit als Schneider gefunden. Eine französische Familie nahm sich seiner an, und da er nicht sprechen konnte, fiel er den Deutschen nie auf. Nach der Trennung von Elli heiratete er später eine ebenfalls taubstumme Frau, und das Ehepaar bekam einen nicht behinderten Sohn.

Endlich war Elli mit ihrer Familie in Nizza vereint, wo alle in einem heruntergekommenen billigen Hotel Zuflucht gefunden hatte. Das Hotel war überfüllt mit jüdischen Flüchtlingen.

Am 11. November 1942 marschierten deutsche Truppen in das bislang unbesetzte Frankreich ein, und in dem beschaulichen Badeort herrschten plötzlich katastrophale Verhältnisse. Elli, ihre Mutter, die Tante mit den beiden Kindern Charles und Regine teilten sich zu fünft zwei Hotelzimmer. Die Kinder schliefen abwechselnd mal bei der eigenen Mutter, mal bei der Tante.

Eines Nachts bestand der 13-jährige Charles darauf, das Zimmer allein mit seiner Mutter zu teilen und schickte seine Schwester zu Elli und ihrer Mutter. In dieser Nacht riss eine Razzia die ahnungslosen Menschen aus dem Schlaf. Es blieb ihnen kaum Zeit, sich anzuziehen, sie wurden gewaltsam zu bereits wartenden Zügen verbracht, deren letzte Station Auschwitz war. Unerklärlicherweise wurde Ellis Zimmer übersehen, wo sie mit ihrer Mutter und ihrer Cousine schlief.

Dieses dramatische Ereignis im sonnigen Nizza verstörte und ängstigte Elli sehr, so dass sie beschloss, mit der Mutter und der kleinen Cousine Regine nach Bordeaux zurückzufahren. Dort kannte sie sich aus und hatte Freunde, von denen sie wusste, dass sie sie unterbringen würden. Allerdings mussten sie nun wieder mit dem Zug fahren, wo immer mit einer Kontrolle zu rechnen war. Ellis Mutter besaß mittlerweile eine gefälschte Identitätskarte, konnte aber den französischen Namen, der darin stand, nicht einmal richtig aussprechen. Trotzdem gingen sie das Risiko der Zugfahrt ein. Mutter Berta Koch bekam von Elli den Rat, während der ganzen Fahrt zu schweigen.

Das Abteil war voll besetzt. Die Cousine war noch so jung, dass sie kein Ausweispapier brauchte. Ein deutscher Offizier kontrollierte während der Fahrt die Dokumente der Reisenden. Als Berta Koch an die Reihe kam, berührte Ellis Hand leicht die des jungen Offiziers und bat ihn ganz kokett um eine Zigarette. Verwundert und gleichzeitig erfreut darüber, dass die unbekannte Schöne seiner Sprache mächtig war, gab ihr der Soldat eine Zigarette und wurde von Elli in ein Gespräch verwickelt. So vergaß er, Berta Kochs Papiere zu kontrollieren, und wieder kamen sie mit heiler Haut davon.

In Bordeaux durften sie tatsächlich im kleinen Gartenhäuschen von Ellis Bekannten wohnen, das bescheiden und nur provisorisch eingerichtet war. Nirgendwo gemeldet, standen den Versteckten auch keine Lebensmittel zu, denn die gab es nur auf Bezugsscheine. Nun musste sich Elli wieder etwas einfallen lassen, damit die Familie nicht verhungerte. Der Goldschmuck, der gegen Brot oder andere Lebensmittel eingetauscht werden konnte, war bald aufgebraucht.

Mehrmals versuchte Elli, eine Anstellung als Sekretärin zu finden, blieb bei den meisten Firmen allerdings nur zwei oder drei Tage, bis man sie wegen fehlender Kenntnisse entließ. Schließlich stellte sie sich bei einer Autowerkstatt vor, in der man eine Sekretärin suchte. Trotz ihrer 10 Mitbewerberinnen wurde ausgerechnet Elli ausgesucht und sollte gleich am nächsten Morgen beginnen. Ihr Chef rief sie zum Diktat, und da musste sie gestehen, dass sie keine Stenographie beherrschte. Geduldig notierte der Mann auf einem Zettel, was Elli zu schreiben hatte. Nervös und Schweiß gebadet versuchte Elli nun, das Papier mit den nötigen drei Durchschlägen in die Walze zu spannen, was erst nach vielen Mühen gelang. Nach dem ersten Satz brach Elli in Tränen aus und erklärte, dass sie weder Schreibmaschinenkenntnisse habe noch die Schrift des Chefs entziffern könne. Schluchzend gestand sie: "Ich bin Jüdin und lebe mit meiner Mutter und Cousine im Versteck. Ich habe mich bei Ihnen um diese Stelle beworben, weil wir irgendein Einkommen brauchen. Aber ich sehe jetzt ein, dass ich dieser Aufgabe nicht gewachsen bin." Der Besitzer der Werkstatt gab dem Bürovorstand die Anweisung, Elli irgendeine gerade anfallende Arbeit zu geben. Zu Elli gewandt meinte er: "Ich habe eine Tochter in Ihrem Alter und möchte sie immer behütet und beschützt wissen. Sie verteidigen sich so tapfer, dass ich nur voller Bewunderung meinen Hut ziehen kann!"

Elli erinnert sich, dass sie - wie immer und überall - schnell zum Liebling aller Kollegen wurde. Da die Werkstatt regelmäßig von deutschen Wehrmachtsangehörigen besucht wurde und Elli sich nicht vor den Deutschen zeigen wollte, erledigte sie ihre Arbeit in den hinteren Räumen. Sie besorgte sich ein Wörterbuch und lernte die Bezeichnungen der einzelnen Autoteile. Nun konnte sie wieder die Rechnungen auf deutsch ausstellen, und die Firma sparte den Übersetzer. Ihr Chef war begeistert, alles klappte bestens. Elli hatte nun ein regelmäßiges Einkommen, und die drei Frauen konnten passabel davon leben.

So ging es bis zum Kriegsende weiter. Die Deutschen kapitulierten und zogen aus Bordeaux ab. Da Ellis Chef die Fahrzeuge der deutschen Wehrmacht repariert hatte, sperrte man ihn als Kollaborateur ins Gefängnis. Elli berichtete den zuständigen Beamten, dass sie und ihre ganze Familie von ihrem jetzt inhaftierten Chef gerettet worden war. Auf ihre Intervention hin ließ man ihren ehemaligen Arbeitgeber frei.

Da die Deutschen nicht mehr im Land waren, gab es für Elli keine Übersetzungsarbeit mehr, weshalb sie beschloss, mit einer Freundin nach Marseille zu fahren, um vom jetzt blühenden Schwarzhandel zu profitieren. Beide legten ihre ganze Barschaft zusammen, um Kaffee und Zigaretten zu kaufen und nach Bordeaux zu schmuggeln. Die beiden Frauen mieteten sich in einem billigen Hotel ein und beobachteten aus einem Café das Treiben in einem anrüchigen Viertel. Man kam mit einem Interessenten ins Gespräch, die "Übergabe" sollte in einem dunklen Hausflur stattfinden. Dort riss der Übeltäter dann den Frauen ganz einfach die Handtaschen weg und verschwand spurlos und auf Nimmerwiedersehen im Gewühl. Doch nicht nur die Tasche mit dem Bargeld war verschwunden, sondern auch alle Ausweispapiere.

Als die beiden Frauen den ersten Schock überwunden hatten, gingen sie zur Polizei, wo man ihnen den Rat gab, bei einer jüdischen

Hilfsorganisation vorzusprechen. Obwohl deren Büro bereits geschlossen hatte, fassten sie sich ein Herz und läuteten an der Tür. Aus dem oberen Stockwerk schaute ein Mann aus dem Fenster und fragte nach ihren Wünschen. Elli erkannte sofort Frederik Thau, den Bruder des verstorbenen Onkels aus Metz. Er war hier in Marseille Leiter der "Fédération Juive de France", einer jüdischen Hilfsorganisation, die dem "JOINT" angeschlossen war.[55] Der Onkel bat die beiden Frauen ins Haus. Elli musste Schelte dafür einstecken, dass sie sich auf Schwarzmarktgeschäfte einlassen wollte, aber er half ihnen weiter. Sie durften bei ihm wohnen, bis die provisorischen Ausweise fertig waren, mit denen sie nach Bordeaux zurückreisen konnten. Der Onkel, ein Witwer, sorgte dafür, dass die ganze Familie - oder was von ihr übrig geblieben war - nach Marseille übersiedeln konnte.

Elli wurde die rechte Hand ihres Onkels in der jüdischen Organisation (FJF) und war sehr glücklich, dass die Restfamilie jetzt versorgt war. Sie war oft unterwegs und hatte viel zu tun, denn mit dem Kriegsende wurde Marseille zum Sprungbrett für die Passage nach Palästina. Es musste nach einem Platz für ein Flüchtlingslager gesucht und mit den Behörden darüber verhandelt werden.

30 km von Marseille entfernt entstand nahe der Hafenstadt La Ciotat ein Flüchtlingslager gleichen Namens. Es war Ellis Aufgabe, sich um die ehemaligen KZ-Häftlinge zu kümmern, die nach und nach eintrafen. Körperlich und seelisch mussten diese Menschen aufgerichtet und versorgt werden. Weil die Hoffnung bestand, dass von Marseille aus Schiffe nach Palästina fuhren, strebten viele Juden in diese Hafenstadt. Manche kamen selbständig über die Schweiz, die meisten wurden aber durch jüdische Organisationen geschickt. Plötzlich tauchten auch Menschen auf, die sich während der Kriegsjahre in Marokko, Ägypten oder Algerien versteckt gehalten hatten: Alle wollten nun nach "Erez Israel - ins Land Israel" gelangen, ins damalige Palästina.

---

[55] Frédéric Thau wurde zu Beginn der 1950er Jahre durch sein Engagement im Lager "Grand Arénas" für die jüdischen Flüchtlinge aus Marokko bekannt.

In diesem Nachkriegs-Chaos wurden täglich Suchmeldungen im Radio gesendet. Einmal fahndeten KZ-Überlebende in einem Pariser Krankenhaus nach ihren Angehörigen. Elli, die diese Sendungen stets verfolgte, schreckte auf, als der Name *Charles Thau* fiel, der nach seiner Familie suchte. Sie machte sich eilends auf den Weg in die Hauptstadt. In einem Pariser Hospital, wo Hunderte von jämmerlichen Gestalten nebeneinander lagen, suchte sie die Reihen ab. Alle waren abgemagert und mehr tot als lebendig. Aus tiefen dunklen Augenhöhlen schaute Elli unendlich viel Leid und Trauer entgegen.

Plötzlich erhob sich ein Knochengestell langsam vom Lager und rief mit schwacher Stimme: "Elli, Elli!" Da stand er nun, der einstmals blonde Junge mit dem lockigen Haarschopf und den schönen blauen Augen, dem Tod gerade noch entronnen. Sie umarmten sich, und Elli hatte Angst, sie könne seine fragilen Körper mit den herausstehenden Knochen beim leichtesten Druck zerbrechen: Ein Junge von 18 Jahren, der von einem alten Mann nicht zu unterscheiden war! Sie nahm ihn mit nach Marseille.

Dort erzählte er, wie er und seine Mutter gleich bei der Ankunft in Auschwitz-Birkenau getrennt wurden. Sie standen in verschiedenen Warteschlangen, um aussortiert zu werden. "Sag ihnen, dass du 16 Jahre alt bist!", raunte ihm sein Vordermann zu. Dieser Rat rettete Charles das Leben, denn mit 16 Jahren galt er in Auschwitz als Arbeitskraft und war dadurch kein unnützer Esser. Als die Mutter in der anderen Warteschlange an die Reihe kam, schaute sie sich verzweifelt und hilfesuchend nach ihrem Sohn um. Sie wurde auf die Seite der Todeskandidaten geschoben und gehörte zu denen, die sofort vergast wurden.

Trotz schwerer Arbeit, Schlägen und vieler Demütigungen hatte Charles die Zeit im KZ Auschwitz überlebt. Zwei Dinge konnte er zeitlebens nicht vergessen und den Nazis nie verzeihen: dass man ihm seine üppige Lockenpracht raubte und den Kopf kahl schor, und dass einmal der Suppenkessel leer war, als er auf sein Mittagessen wartete und sich in Erwartung des "Dicken" unten im Kessel ganz hinten in die Reihe gestellt hatte. So schöpfte man dem Hungrigen aus dem frisch herbeigeschafften Kübel die übliche Wasserbrühe in den Napf. Charles erzählte auch, dass Lagerinsassen die Leiche eines über Nacht Verstorbenen ein paar Tage zu verstecken versuchten, damit sie die Brotration des Toten erhielten.

Charles Thau (geb. am 18. November 1927 in Metz) und seine Mutter Netti Thau (geb. am 26. November 1889 in Kulaczkowo) gehörten zum "Convoi 60", der am 7. Oktober 1943 von Drancy nach Auschwitz ging. In der "Abschubliste 60" befanden sich 564 Männer und 436 Frauen, darunter 108 Kinder unter 18 Jahren. Am 13. Oktober meldete Rudolf Höss, Kommandant von Auschwitz, seinem Vorgesetzten, SS-Obersturmführer Heinz Röthke (1912–1966), per Fernschreiben, dass der "Convoi 60" am 10. Oktober 1943 um 5:30 Uhr angekommen war.[56]

340 Männer wurden nach der Selektion dem IG-Farben-Werk in Auschwitz III Buna als Arbeitskräfte zugeteilt. Sie erhielten Erkennungsnummern 156940 bis 157279. 169 Frauen erhielten die Erkennungsnummern 64711 bis 64879. 491 Menschen wurden gleich nach der Ankunft vergast.[57] Im Jahre 1945 hatten 31 von den 509 Selektierten überlebt, zwei der Überlebenden waren Frauen.

Charles hat später in Frankreich geheiratet, das Ehepaar bekam zwei Söhne. Bei seinen Mahlzeiten durfte nie das Brot fehlen, und auch wenn es nicht gegessen wurde, musste es bereitliegen, denn die Angst vor dem Verhungern saß einfach zu tief. Vielleicht war sein Sohn David deshalb Bäcker und Konditor geworden, er betreibt (oder betrieb) ein Café in Miami.

Am 14. Mai 1948 war es endlich soweit: Der Staat Israel wurde ausgerufen. Überall, wo Juden lebten, wurde dieser Triumph gefeiert, und auch in Frankreich jubelte man an diesem Tag. Die im Hafen liegenden Schiffe hissten unverzüglich ihre neuen blauweißen Flaggen mit dem Davidstern und konnten von nun an unbehelligt nach Israel gelangen.

Die "Fédération Juive de France" in Marseille, bei der Ellis' Onkel und sie selbst mitarbeiteten, blieb unermüdlich im Einsatz. Frederik Thau wurde nun der erste israelische Konsul in Marseille, und Elli blieb seine rechte Hand.

---

[56] Archives du Centre de Documentation Juive Contemporaine, bearbeitet (nicht publiziert) von Beate Klarsfeld; vgl. dazu Danuta Czech, Kalendarium der Ereignisse im Konzentrationslager Auschwitz-Birkenau 1939–1945. Reinbek 1989, S. 625. Heinz Röthke wurde in Frankreich zum Tode verurteilt, lebte unbehelligt in Deutschland und bezog 1961 bis 1966 eine Rente.

[57] Danuta Czech, ebenda.

Für sie fiel nun noch eine ganz andere Art von Arbeit an. Zwar kümmerte sie sich nach wie vor um den nicht abreißenden Strom von Flüchtlingen, ab sofort bewegte sie sich aber auch in diplomatischen Kreisen, und es fiel ihr ganz und gar nicht schwer, sich dafür hübsch und gefällig zu kleiden. Durch ihre Ausstrahlung und ihre Bildung hatte sie viele Freunde und Verehrer. Aber der Hunger während der Kriegsjahre war ihr immer im Gedächtnis geblieben. Nach vielen Jahren der Angst und schmerzlichen Entbehrungen war Elli nun sehr glücklich; sie hatte die noch lebenden Angehörigen um sich scharen können und gleichzeitig eine verantwortungsvolle Aufgabe bei ihrem Onkel gefunden.

Im israelischen Konsulat von Marseille lernte Elli ihren zweiten Ehemann Mosche Yatzkan aus Israel kennen. Das Paar heiratete 1954 und zog in die Dominikanischen Republik, wo 1958 ihr Sohn Gregory geboren wurde. Dort lebte Ellis Mutter Berta bereits seit einigen Jahren bei ihren beiden Söhnen Felix und Fritz. Berta starb 1962 und ist auf dem jüdischen Friedhof in Santo Domingo begraben, wo auch Ellis zweiter Mann Mosche Yatzkan ruht, der 1971 starb.

Durch ihre Brüder war Elli eingebettet in die kleine Welt der Sosua-Veteranen. Tamar, Fritz' Frau, war die Tochter von David Stern, der vom "Joint" in den 1940er Jahren aus Palästina in die Dominikanische Republik beordert wurde, um den Neuankömmlingen beizubringen, wie man aus brachliegendem Boden fruchtbares Akkerland gewinnt. Er erarbeitete Richtlinien für den Anbau von Obst und Gemüse und verstand sich auf Milchwirtschaft. Seine Tochter Tamar, die als junges Mädchen ihren Vater nach Sosua begleitete, verliebte sich in den gertenschlanken und feingliedrigen jungen Fritz Koch. Als David Stern und seine Tochter die tropische Insel verließen, um nach Israel zurückzukehren, schloss Fritz Koch sich den beiden an. In Israel heirateten die jungen Leute. Dort änderte Fritz Koch seinen Namen und nannte sich Rafael Kochav, da er nicht für den Rest seines Lebens mit dem Stigma eines deutschen Namens leben wollte.

Nach ihrer Einwanderung betrieben Elli und Mosche Yatzkan in den 1950er Jahren in Santo Domingo eine Metzgerei. Auf der Suche nach einer Hilfskraft im Betrieb stießen sie auf den Italiener Mario Bonci, der während des Krieges in die Dominkanische Republik gekommen und anfangs in den Kaffeeplantagen im Landesinneren der Insel untergetaucht war. Mario Bonci erwies sich als fleißiger, in sich gekehrter, aber äußerst korrekter Mitarbeiter, der nach dem Tod von Mosche Yatzkan bei Elli und dem Sohn Gregory blieb.

Elli und ihr Lebensgefährte Mario (Foto: Ingrid Decker)

Anfang der 1980er Jahre zogen sich Elli und Mario nach Sosua zurück, wo Elli ein Grundstück besaß. Hier betrieben sie ein kleines, florierendes Hotel, denn in jenen Jahren besuchten viele Touristen den kleinen Künstlerort mit den einsamen Buchten und romantischen Stränden. Sosua war ein gemütlicher und reizvoller Badeort. Der in den 1990er Jahren einsetzende Massentourismus machte dieser Idylle jedoch ein Ende. Gegen die Konkurrenz der ausländischen Hotelketten, die ihre Gäste mit Pauschalangeboten lockten, konnte Elli nicht mithalten. Sie verwandelte das Hotel in Mietwohnungen, was für regelmäßige Einkünfte sorgte. Als Mario im Jahre 2002 starb, nahm Ellis Sohn Gregory sich seiner Mutter an und holte sie nach Miami.

Ellis Ferienwohnungen (Foto: Ingrid Decker)

An ihrem 80. Geburtstag habe ich Elli zum letzten Mal gesehen. Trotz ihrer Gebrechlichkeit war sie immer noch eine elegante Frau, die sehr auf ihr Äußeres achtete. Sie genoss das Fest im Kreise ihrer Familie und Freunde außerordentlich. David, der Sohn ihres Cousins Charles, hatte die Geburtstagstorte gestiftet, nachdem er gerade in der Lincoln Road in Miami ein Café eröffnet hatte. Elli trug einen weinroten Hosenanzug, der sie hervorragend kleidete. Ihre blauen Augen leuchteten. Sie stand wieder einmal, wie schon so oft in ihrem Leben, im Mittelpunkt der Aufmerksamkeit, und das genoss sie sehr.

Ellis letzte Ruhestätte (rechts) in Sosua (Foto: Ingrid Decker)

Am 18. Mai 2004 verstarb Elli friedlich im Kreise ihrer nächsten Angehörigen, ohne dass sie je reich oder berühmt geworden wäre. Auf dem jüdischen Friedhof in Sosua ist ihr weißer Grabstein neben dem ihres langjährigen Lebensgefährten Mario Bonci zu finden.

Luis Hess aus Erfurt (1908–2010)

Luis Hess wurde 1908 in Erfurt geboren. Wie er mir schilderte, besassen seine Eltern damals die zweitgrößte Schuhfabrik Deutschlands (nach Salamander).
Da er kein Interesse an einer Weiterführung der Fabrik hatte und ihm die Nazis suspekt waren, verließ er Deutschland bereits 1933. Für eine Weile ließ er sich auf der spanischen Mittelmeerinsel Ibiza nieder. Fast vier Jahre lang blieb er dort und lernte rasch die spanische Sprache.

Nach Beginn des Spanischen Bürgerkriegs im Jahre 1936 gelangte Luis Hess auf Umwegen nach Paris. Da seine Aufenthaltsgenehmigung 1939 nicht verlängert wurde, musste er Frankreich verlassen.

Zufällig entdeckte er bei der Botschaft der Dominikanischen Republik ein Schild mit dem Hinweis, dass dieses Land Einwanderer suche und Visa erteile. So kam er als einer der ersten Siedler auf die Karibik-Insel nach Sosua.

Als Luis Hess in Sosua eintraf, befanden sich dort bereits einige Flüchtlinge aus Europa. Er begann sofort mit dem Spanisch-Unterricht für Neuankömmlinge. Später erweiterte er seinen Unterricht um Englisch-Lektionen für Einheimische.

1941 wurde die erste Schule in Sosua gegründet, die nach Kolumbus benannt wurde, die "Escuela Cristobal Colon". Anfangs wurden hier 80 Grundschüler unterrichtet, im Jahr 2008 waren es über 400 Schüler, die man bis zum Abitur führte.

Luis Hess war er 34 Jahre lang Direktor an der Schule von Sosua, als er 1975 in den Ruhestand trat. Seine Frau Ana Julia hatte ebenfalls viele Jahre lang die Kinder der Grundschule unterrichtet und schied im selben Jahr wie ihr Mann aus dem Schuldienst aus. Das "Colegio Cristobal Colon" wurde 2001 in "Colegio Luis Hess" umbenannt. Luis Hess wurde 2006 mit dem Bundesverdienstkreuz geehrt.

Als Luis Hess und Ana Julia, eine Einheimische aus Puerto Plata, 1941 heirateten, war das die erste Hochzeit, die in der neuerbauten Synagoge vollzogen wurde. Luis Hess behauptet, seine Frau sei jüdischer gewesen als er. Ihr Leben lang trug sie eine Goldkette mit dem Davidstern, und sie pflegte regelmäßig ihren Mann freitagabends[58] in die Synagoge zu begleiten. Luis Hess war kein religiöser Jude, und er langweilte sich im Tempel, weil er kein Hebräisch verstand. Ana Julia hatte ihren Mann noch zu Lebzeiten darum gebeten, sie auf dem jüdischen Friedhof in Sosua zu beerdigen. Dieser Wunsch wurde ihr erfüllt, als sie 2001 starb.

[58] Freitagabends wird "Erev Schabbat" gefeiert, der Beginn des Schabbat.

Die Schule in Sosua wurde 2001 nach dem Veteranen Luis Hess benannt (Foto: Ingrid Decker)

Die beiden Söhne des Ehepaares Hess leben weit von Sosua entfernt: Der ältere Sohn Franklin Hess ist Dozent in Berlin; Cecil, ein Diplom-Ingenieur, lebt in Kalifornien.

Luis Hess wurde zuletzt von einer dominikanischen Haushälterin und einer Pflegerin versorgt. Langeweile kam bei ihm nicht auf. Er erfreute sich an seinen selbstgezüchteten Orchideen und hielt sich durch Kreuzworträtsel geistig fit. Am liebsten waren ihm deutsche Rätselhefte. Luis Hess war ein zufriedener Mensch. Seine beiden Berufe - Lehrer bzw. Schulleiter und Landwirt - übte er über viele Jahre hinweg mit Leidenschaft aus. Und wenn man ihn nach dem Rezept seines hohen Alters fragte, zog der alte Herr einen Zettel aus der Tasche, auf dem 10 Regeln niedergeschrieben waren, die er stets befolgte. Dazu gehörten Rauchverbot, mässiger Alkoholgenuss (drei Gläschen Rum am Tag!), regelmäßiger Knoblauchverzehr, Arbeit, die Freude macht, und das Wichtigste - eine gute Ehe!

Luis Hess feierte als ältester Einwohner Sosuas am 3. Oktober 2008 seinen 100. Geburtstag. Bis zu seinem Tod im Februar 2010 war er geistig und körperlich sehr rege und verschmähte seine täglichen Gläschen Rum mit Wasser nicht, das man ihm in der nahegelegenen Bar servierte.

Während seiner letzten Lebensjahre wurde der Kreis der Sosua-Veteranen um Luis Hess immer kleiner. Hans Neumann (S. 50 ff.) war schon 1948 nach Mexiko gegangen. Martin Katz, der früher den jüdischen Friedhofs verwaltete und die Friedhofsschlüssel aufbewahrte, starb Ende des Jahres 2008. Felix Koch, der mit den 34 Personen der Luxemburger-Gruppe auf Umwegen am 3. Juni 1941 in Sosua eingetroffen war, fristete zuletzt ein trauriges dementes Dasein. Seine erste Ehefrau Gerda hatte es in der Enge der Insel nicht ausgehalten und war zu ihren beiden Kindern in die Vereinigten Staaten gezogen.

Luis Hess, der älteste Bewohner Sosuas (Foto: Ingrid Decker)

Mit dem Tod der einstigen jüdischen Gründer haben auch die letzten jüdischen Relikte an Bedeutung verloren. Die fast 70 Jahre alte, filigrane blaue Holzkonstruktion der Synagoge steht eingezwängt zwischen Hotelkomplexen. Der Rabbiner, der früher für die Feier des Sabbat einmal im Monat aus der Hauptstadt Santo Domingo kam, konnte die anstrengende Reise zum anderen Ende der Insel zuletzt nicht mehr antreten.

So wie nach und nach das Leben der ersten jüdischen Siedler verloschen ist, so verfallen auch die Gebäude, die an eine unheilvolle Zeit erinnern, da Menschen auf der Suche nach einer Heimat waren, welche die Welt ihnen fast überall verweigerte. Sie hatten den kleinen Ort Sosua "Heimat abroad" genannt.

Die Synagoge in Sosua (Foto: Ingrid Decker)

Das Theresienstadter Kochbuch der Mina Pächter (geb. Stein) aus Böhmen

Von Mina Pächters Kochbuch aus Theresienstadt erfuhr ich gleich zu Beginn meines fünfjährigen Aufenthaltes in Mexiko 1996 von der Malerin Tanya Kohn, die ich bei einer Vernissage kennenlernte. Sie ist eine vielseitige und interessante Frau und als Malerin sehr erfolgreich. Ihre Eltern gingen 1939 mit ihren beiden kleinen Töchtern von Prag ins südamerikanische Exil nach Quito (Ecuador). Seit vielen Jahren lebt Tanya in Mexiko-City und hat dort ihre Heimat gefunden.

Während ich Tanya in ihrem Atelier beim Malen zusah, zeigte sie mir ein Buch, das mich sofort stark berührte, ein "Kochbuch", das in Theresienstadt entstanden war.[59] Ein so direktes Zeugnis des Holocaust wie dieses Kochbuch aus Theresienstadt hatte ich nie zuvor in den Händen gehalten. Wie furchtbar muss es gewesen sein, mit hungrigem Magen und ohne Hoffnung auf baldige Änderung dieses Kochbuch zu schreiben! Eine New Yorker Verwandte der Malerin, Bianca Steiner, hatte die Rezepte ins Englische übersetzt.

Theresienstadt war ein sogenanntes "Vorzeige"-Ghetto.[60] Hier wurde der Welt vorgeschwindelt, dass die Juden geradezu in einer gutbürgerlichen Beschaulichkeit zufrieden in Theresienstadt lebten. Hier

---

[59] Ein ähnliches Beispiel für die Kreativität im Ghetto: Hans Munk, Theresienstadt in Bildern und Reimen. Konstanz 2004.

[60] Die folgende Zusammenfassung basiert auf Raul Hilberg: Die Vernichtung der europäischen Juden. Band 2, S. 457/458; vgl. dazu auch Peter Erben, Auf eigenen Spuren – Von Mährisch Ostrau über Brünn durch Theresienstadt nach Auschwitz, Mauthausen, Gusen III und zurück nach Israel. Konstanz 2001; Heinz J. Herrmann, Mein Kampf gegen die Endlösung – Von Troppau und Proßnitz durch Theresienstadt, Auschwitz-Birkenau und Dachau nach Israel. Konstanz 2002; Hans Munk, Theresienstadt in Bildern und Reimen. Konstanz 2004; Lucie Ondrichová, Fredy Hirsch – Von Aachen über Düsseldorf und Frankfurt am Main durch Theresienstadt nach Auschwitz. Eine jüdische Biographie 1916–1944. Konstanz 2000; Miloš Pick, Verstehen und nicht vergessen – Durch Theresienstadt, Auschwitz und Buchenwald-Meuselwitz. Jüdische Schicksale in Böhmen 1939–1945. Konstanz 2000; Erwin Rehn & Marie-Elisabeth Rehn, Die Stillschweigs – Von Ostrowo über Berlin und Peine nach Heide in Holstein bis zum Ende in Riga, Theresienstadt und Auschwitz. Eine jüdische Familiensaga 1862–1944. Konstanz 1998; Pavel Stránský, Als Boten der Opfer – Von Prag durch Theresienstadt, Auschwitz, Schwarzheide und zurück. Tschechisch-jüdische Schicksale 1939–1997. Konstanz 1997; Erhard Roy Wiehn, "Die Vorhölle von Theresienstadt", in: Hans Munk, Theresienstadt in Bilden und Reimen. Konstanz 2004, S. 7–14.

entstand der Film "Der Führer schenkt den Juden eine Stadt". In Wirklichkeit war dieser Ort von Angst, Krankheit und Tod geprägt.

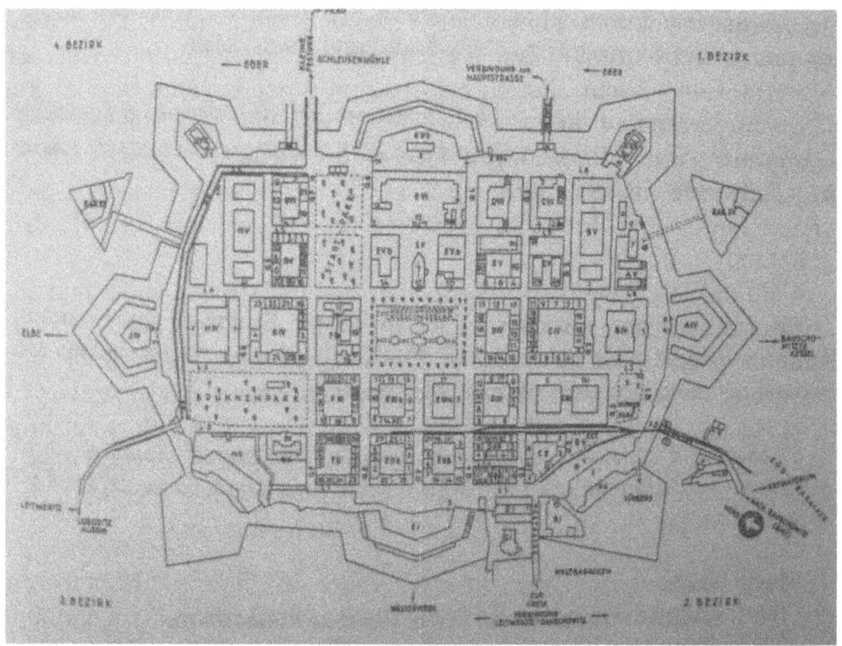

Das Ghetto in der im 18. Jahrhundert gegründeten, nur 40 km nördlich von Prag gelegenen Garnisonsstadt wurde 1941 auf Befehl des SS-Reichsprotektors für Böhmen und Mähren, Reinhard Heydrich, errichtet. Bereits 1942 waren fast alle jüdischen Bewohner Böhmens und Mährens nach Theresienstadt deportiert. Dann folgte ein Strom von Juden aus Deutschland. Schon im September 1942 waren auf einem für 7.000 Menschen vorgesehenen Raum über 58.000 Menschen zusammengepfercht. Insgesamt wurden rund 141.000 Menschen nach Theresienstadt deportiert, 33.000 starben dort und 88.000 wurden in Vernichtungslager verbracht.

Bei Kriegsende waren noch rund 17.000 Lagerinsassen übrig. Von 15.000 Kindern waren noch 150 am Leben. Theresienstadt war zwar kein Vernichtungslager, aber die Todesrate war so hoch, dass die Lagerleitung ein Krematorium errichtete. Viele bekannte Persönlichkeiten kamen nach Theresienstadt, darunter Rabbiner Leo Baeck

(1873–1956), der Kurse in Philosophie und Theologie abhielt. Hier trafen sich namhafte Wissenschaftler, Diplomaten, Musiker, Professoren und Künstler. An diesem mörderischen Platz wurden Konzerte aufgeführt, musikalische Werke geschrieben und die beliebte Kinder-Oper "Brundibar" 55 Mal aufgeführt. Auch Theateraufführungen und literarische Vorlesungen standen auf dem Programm.

Fünfundzwanzig Jahre dauerte die Reise eines kleinen Päckchens aus Theresienstadt, bis es schließlich an der East Side von Manhattan in New York landete. In Theresienstadt hatte Mina Pächter das Paket mit der Rezeptsammlung kurz vor ihrem Tod an Jom Kippur 1944 ihrem Freund Arthur Buxbaum gegeben, der es an ihre Tochter weiterbefördern sollte, die damals in Israel lebte. Das kleine Paket enthielt ein Foto von Mina mit ihrem Enkelsohn Peter, das noch aus Friedenszeiten stammte, und ein fragiles, handgebundenes Kochbuch, dessen recht zerknitterte Seiten 80 Kochrezepte enthielten.

Arthur Buxbaum konnte den Wunsch der Verstorbenen nicht gleich erfüllen und behielt das Päckchen. Als ein Freund 1960 nach Israel reiste und er ihm den dicken Umschlag mitgeben wollte, brachte dieser in Erfahrung, dass Minas Tochter nach Amerika gezogen war. Zehn Jahre später tauchte das Paket schließlich bei der Tochter Anna Stern in Amerika auf, die ziemlich erschrocken war, 25 Jahre nach dem Tod ihrer Mutter noch Post von ihr zu bekommen.

Bianca Steiner, die selbst in Theresienstadt war, übersetzte später das deutsch und tschechisch geschriebene "Kochbuch" ins Englische und erklärte seine Entstehungsgeschichte:[61] Die Frauen schrieben die Rezepte aus dem Gedächtnis auf! So gab es immer wieder Streit über die richtigen Zutaten, die in Wirklichkeit gar nicht zur Verfügung standen. Bianca Steiner nannte die Prozedur der mündlich erinnerten Gerichte "Cooking with the mouth". Natürlich war Papier eine Rarität im Lager, ein Teil der Rezepte wurde auf die Rückseite von Propaganda-Blättern geschrieben, auf deren Vorderseite markige Propagandasprüche standen. Sogar ein Hitlerbild wurde rundherum mit Rezepten beschrieben. So entstanden vier Hefte mit Rezepten für Vorspeisen, Nachtische, Marmeladen, Pudding, Fisch, Fleisch, Ge-

[61] In memory's kitchen: A legacy from the women of Terezin. Ed. Cara De Silva, übers. Bianca Steiner Brown. New Jersey 2006.

müse und spezielle jüdische Gerichte. Es fehlen weder der "Karlsbader Gulasch" mit saurer Sahne und Sauerkraut noch Matze-Brei mit Pflaumen. Sachertorte und "Londoner Schnitten" waren neben einer "Kriegsmehlspeise" aufgeführt und dem Rezept für einen Kuchen namens "Lass der Phantasie freien Lauf"!

Mina Pächter, die das Kochbuch zusammengestellt hatte, wurde selbst ein Opfer der Unterernährung im Lager und starb im Ghetto-Lazarett. In New York konnte man mit Hilfe der Tochter ihren Lebenslauf rekonstruieren. Mina Pächter wurde am 16. Juli 1872 in Hluboka (Frauenberg, im Süden Böhmens) als sechste und jüngste Tochter von Heinrich Stein geboren. Sie studierte an einem Prager Lehrerseminar Kunst und Literatur und heiratete um 1900 den 27 Jahre älteren Witwer Adolf Pächter. Dieser hatte bereits sechs Kinder, und nun kamen noch der gemeinsame Sohn Hanoch Heinz und die Tochter Anna Wilma zur Welt. Im Jahre 1915 starb Adolf an einer Lungenentzündung und hinterließ eine große Familie. Minas Tochter Anna heiratete 1930 den Rechtsanwalt Georg Stern, und der inzwischen dreiköpfigen Familie gelang 1939 die Flucht nach Palästina. Nur Mina blieb zurück und endete in Theresienstadt.

Tanya Kohn hatte mir in Mexiko dieses "Kochbuch" anvertraut, und ich durfte eine Kopie erstellen, denn viele Exemplare gibt es davon nicht. Hier ist eine Probe von Mina Pächters Schreibkunst, die aus dem Kochbuch stammt und natürlich vom Kochen unter besonderen Umständen handelt:

Bei der Türe liegt ein Schwesternpaar
Harmonisch wie selten es war.
Sie kochen zusammen oft nur platonisch.
Zusammen geschmolzen die Vorräte sind.
Jede hat da Mann und Kind.
Doch erfinderisch sind beide in diesem Fach.
Immer haben sie etwas Neues erdacht.
Oft schon hab ich davon versucht
Und nur das geringe Quantum verflucht.

Billige Hagebutt Pusserln

4–5 Eiweiss Schnee gebe dazu 20 D Zucker und 15 D Haselnüsse dies schlage im Wasserbad bis es dick und warm ist; gebe dazu 4–5 Löffel Hagebutt Marmelade und 3–4 Löffel Stärke od. Kartoffelmehl. Mache mit dem kl. Löffel auf Oblaten Pusserln und backe es in lauer Röhre.

Cheap Rose Hip Kisses

[To] 4–5 [egg whites stiffly beaten to] snow, add 20 decagrams sugar and 15 decagrams hazelnuts. Beat in waterbath until thick and warm. Add 4–5 spoons rose hip jam and 3–4 spoons cornstarch or potato starch. With the small spoon make kisses on oblaten [small rounds of edible wafer] paper and bake in a low oven.

Schüssel Pastete

Mache einen Blätterteig den man 3–4 Mal geblättert hat, gebe ein ausgewalktes Stück von dem Teig in die Form wo Du es auf den Tisch gibst, backe dies halb in heisser Röhre. Jetzt mache einen grossen Papierbausch auf die Pastete mache rings herum aus dem Teig einen Rand und einen Teigdeckel lege auf den mit Fett bestrichenen Papierbausch bestreiche den mit Ei und backe es in heisser Röhre.
Unterdessen mache Dir die Pastetenfülle vorbereitet und z[war] entweder junges Gemüse od. Hirn mit Ei od. Schwämme mit Ei oder eine richtige Farce gebratenes Kalbfleisch und Hühnerfleisch, wird fein gehackt, 1 Kalbshirn gebraten, 15 Dkg Zunge, od. Selchfleisch, 3 Sardellen, 3 geweichten Señeln, 3 ganze Eier, Schwämme, Hahnenkämmchen ein dicker Bechamell, zitronensaft. ½ Glass Weisswein, Pastetengewürz; schmecke es ab und gebe es in die Form. Den Deckl hebe vorsichtig ab, gebe den Papierbausch weg und gebe diese farce so heiss als möglich in die Form. Gebe den Kuppelartig gewölbten Deckel darauf und bestreue es mit Parmesan und gebe es so heiss als möglich zu Tisch.

Ein Nachmittag bei Paula Bizberg

Bei Veranstaltungen in Mexiko-Stadt hatte ich Paula Bizberg, geborene Rosner, schon öfter gesehen und mit ihr gesprochen. Eine ältere Dame, schlank, sehr lebhaft und quirlig und sehr gepflegt. Im Jahre 2000, als ich sie besuchte, war sie 82 Jahre alt. Sie sprach mit diesem typischen, wunderschönen Wiener Akzent.

Es war Nachmittag, kurz vor 16 Uhr, als ich sie in ihrer Wohnung in der Colonia Condesa besuchte. Sie war gerade von der Arbeit gekommen, was mich sehr erstaunte, denn sie machte keineswegs einen abgespannten und müden Eindruck.. Sie arbeitete seit vielen Jahren in einem Patentanwaltsbüro und war auch für Übersetzungen zuständig. Seit einiger Zeit hatte Paula ihre Arbeit auf sechs Stunden täglich reduziert, doch manche zusätzliche Erledigungen hielten sie oftmals vom pünktlichen Heimweg ab.

So erfuhr ich, dass sie am 9. Juli 1918 in Wien geboren wurde. Ihre Eltern, Hermann und Rachelle Rosner, stammten aus der Bukowina, das später zu Rumänien gehörte. Mit ihrer kleinen, erstgeborenen Tochter Ernestine waren sie nach Wien gezogen. Kurze Zeit später erblickte Paula in Wien das Licht der Welt. Sechs Jahre später kam ihr Bruder, Robert Walter, auf die Welt. Hermann Rosner eröffnete in Wien eine Kleiderfabrik. Seine Frau war eine geschickte Schneiderin und half ihrem Mann beim Zuschneiden der Stoffe. Die Kinder wurden von einem Kinderfräulein betreut und erzogen. In den schlechten Zeiten um 1928 - 29 (Börsencrash) verlor Hermann Rosner all sein Hab und Gut und musste sich später als Vertreter durchschlagen.

Paula Bizberg berichtete, wie manch andere Menschen auch, dass die Judenfeindlichkeit der Österreicher ein Glück war. Dadurch begriffen viele Juden, dass ein weiteres Leben in Österreich praktisch unmöglich sein würde und versuchten daher ins Ausland zu entkommen. Paula war sogar der Meinung, dass der Antisemitismus in Deutschland weniger ausgeprägt als in Österreich war. Da viele Juden seit Generationen in Österreich ansässig waren, sahen sie keinen Grund ihr Land zu verlassen. Es bedurfte bei vielen Menschen erst der Pogromnacht – im November 1938 – die ihnen klar machte, in welcher Gefahr sie sich befanden.

Im Februar 1938 hatte Hitler den österreichischen Bundeskanzler Schuschnigg nach Berchtesgaden zitiert und ihm seine Pläne für den Anschluss mitgeteilt. Schuschnigg hoffte vergebens auf Hilfe von Mussolini, worauf er einen Volksentscheid für den 13. März anberaumte. Hitler jedoch wollte keine Volksabstimmung unter der Schuschnigg-Regierung. Am 11. März standen deutsche Truppen an der Grenze, worauf Schuschnigg im Radio verkündete, dass er kein Blutvergießen wolle und deswegen freiwillig zurücktrete. Seine letzten Worte als Bundeskanzler waren: „Gott schütze Österreich". (Er verbrachte die Kriegsjahre in einem KZ). Die Volksabstimmung fand ungefähr zwei Wochen nach dem Anschluss statt und angeblich stimmten 98 Prozent der Bevölkerung dafür.

An jenem Tag, als Hitler den „Anschluss" verkündete, gingen Paulas Eltern wie gewohnt ins Kaffeehaus. Sie lasen dort Zeitung und unterhielten sich mit Bekannten. Als Paulas Schwester abends nach Hause kam und ihre Eltern nicht vorfand, war sie entsetzt und wütend auf ihre Eltern, weil sie ausgerechnet heute auf ihren allabendlichen Ausflug nicht verzichtet hatten.

Anfang der 30er Jahre, tummelten sich die ersten Nazis in Wien. Man erkannte sie an den weißen Kniestrümpfen (Stutzen), die Frauen trugen Dirndl und ebenfalls weiße Kniestrümpfe. Bereits da überkam Paula ein ungutes Gefühl. Sie erkannte die Machtbesessenheit, Ruhmsucht und die Kaltblütigkeit der neuen Herrscher. Eines Tages, kurz vor dem „Anschluss", Paula war 19 Jahre alt, ging sie zu einem Maronen-Stand und bestellte eine Tüte für zehn Schilling. Da erschienen einige „Stutzenträger" mit angeheftetem Hakenkreuz. Sie übersahen Paula förmlich und bestellten ebenfalls heiße Maronen. Der Verkäufer ignorierte Paulas Bestellung und reichte beflissen den künftigen Herrschern die heißen Tüten. In dem Augenblick erkannte Paula, dass sie unter den Nazis nichts galt.

Paula erzählte: „Als die vaterländische Front (früher christlichsoziale Partei) an die Macht kam, wurden sowohl die sozialdemokratische wie auch die nationalsozialistische Partei verboten. Nach den Verhandlungen in Berchtesgaden wurde das Verbot aufgehoben und so war es den jugendlichen Nationalsozialisten möglich, ihre Hakenkreuze zu tragen. „Tatsächlich verstand ich die Bedeutung eines

Sieges der Nazis in dem Moment, in dem ich wie nicht existent zur Seite geschoben wurde“.

Noch während ihrer Schulzeit lernte Paula durch ihren zukünftigen Schwager eine junge Engländerin, Helen Townend, kennen, die in Wien weilte, um die deutsche Sprache zu erlernen. Die beiden jungen Frauen freundeten sich so eng an, dass Helen ihr bei der Heimreise versprach, ihr ein Besuchervisum für England zu beschaffen. Sie war 22 Jahre alt und rettete mindestens zehn jüdischen Menschen das Leben. Als Paula 1937 das Abitur/Matura abgelegt hatte, erhielt sie von Helen einen Brief, in dem sie schrieb, dass sie sich um ein Visum für die Freundin kümmern würde.

Erst im Februar 1939 trat Paula ihre Reise nach England an und machte einige Tage Zwischenstation in Holland. Anstatt direkt an ihren Abfahrtshafen in Vlissingen zu fahren, nutzte sie die wenigen Tage vor ihrer Abreise, um ihre Freundin Anni Butler in Zandvoort zu besuchen. Gleich nach ihrer Ankunft in Zandvoort begaben sich die beiden Frauen zur Fremdenpolizei, um die nötige Aufenthaltsgenehmigung für Paula zu erlangen, die ihr auch gleich gewährt wurde. Anni Butler, ihr Mann, sein Bruder und dessen Frau hatten Österreich im September 1938 verlassen und waren illegal nach Holland eingewandert. Nach der Kristallnacht (im November 1938) erklärte die holländische Regierung, dass, wer illegal im Land sei, im Land bleiben dürfe.

Paula, die sich nur auf der Durchreise befand, machte in Holland die denkbar besten Erfahrungen mit den Einheimischen. Sie schwärmte geradezu von der Großzügigkeit der neu gewonnenen Freunde aus Zandvoort und fühlte sich nach langer Zeit wieder richtig wohl. Als sie eines Tages von einem Ausflug zurückkam, stand ein großer Korb mit Lebensmitteln und einem Schildchen mit „Herzlich Willkommen“ vor ihrer Tür. Wie Paula mir schilderte, fühlte sie sich nach langer Zeit wieder Mensch unter Menschen. Über diese zuvorkommende Geste war sie sehr gerührt, so etwas hatte sie lange nicht erlebt.

Eine Woche später fuhr sie mit dem Schiff vom Vlissinger Hafen aus nach Dover. Paula reiste weiter zu Helen, die in Manchester wohnte, und blieb die ersten drei Wochen Gast bei einem Kollegen von Helens Vater, der als Ingenieur in der gleichen Flugzeugfabrik tätig war. Man vermittelte sie als Kindermädchen zu einer Familie. Dort blieb sie jedoch nicht lange, denn der Hausherr pflegte abends mit Hund und Paula Gassi zu gehen, ihm gefiel der neue Hausgast. Jedoch der Ehefrau war die junge Besucherin aus Österreich ein Dorn im Auge. Der Mann jedoch hatte nichts weiter im Sinn, als Paula seine Wortspiele, Witzchen und Geschichten zu erzählen, dabei hatte sie damals Schwierigkeiten, seinen ausschweifenden Erzählungen überhaupt zu folgen. Paula kündigte nach zwei Wochen und war damals sehr unglücklich. Da sie, dank Helen, ein Besuchervisum hatte und nicht ein Hausgehilfinnen-Visum, fand sie in einer Kleiderfabrik eine Anstellung als Näherin.

Durch Helen Townend war ihre inzwischen verheiratete Schwester mit ihrem Mann, Hans Rosenberg bereits im Oktober bzw. Dezember 1938 nach Manchester gelangt. Hans Rosenberg war Arzt und spezialisierte sich als Kinderlogopäde. Da er an der Wiener Universität bereits als Dozent gearbeitet hatte, konnte er dank Helens Unterstützung eine Dozentur an der Universität von Manchester bekommen. Paulas Schwester, ebenfalls Ärztin, arbeitete als freiwillige Helferin im St. Mary´s Hospital.

Nachdem Paula, ihre Schwester und Schwager am Anfang nur provisorischen Unterschlupf gefunden hatten, befanden sich nun alle drei auf Wohnungssuche. Endlich fanden sie eine adäquate Unterkunft in ihrer Umgebung bei einer Frau mit vier Kindern. Was die Neuankömmlinge nicht wussten: sie waren im Rotlicht-Milieu der Stadt gelandet. Sie dachten, wenn die Universitätsgegend in Wien kein schlechter Platz ist, kann das in England auch nicht verkehrt sein und störten sich einfach nicht an den intensiven Betrieb in der Nachbarschaft. Die Hausbesitzerin war glücklich, ein Arztehepaar als Mieter zu haben und nannte Paulas Schwester nur „Ladydoctor“.

Hans Rosenberg, Paulas Schwager, lernte an der Universität einen Physiker namens Dr. Littler kennen. Da er Vater von zwei Kindern war, erklärte er sich bereit, den jüngeren Bruder, Robert Walter Rosner, als Sohn anzunehmen. Und so kam der damals Vierzehnjährige im Mai 1939 mit einem Kindertransport nach England.

Die beängstigenden Nachrichten aus Wien über das November-Pogrom und die wachsenden Schikanen gegen Juden veranlasste die Geschwister dazu, Möglichkeiten für eine Ausreise der Eltern aus Wien zu erlangen. Sie versuchten es bei einer jüdischen Organisation,

die aber vergab nur Passagen an Kinder oder jüngere Menschen. Als Paulas Schwester wieder einmal von einem erfolglosen Ersuchen deprimiert nach Hause kam, lief ihr die Hausbesitzerin, Mrs. White, über den Weg und fragte, was denn los sei, sie sähe so bedrückt aus. Sie erzählte von der Not der Eltern in Wien. Die durften nur 10 Reichsmark für die Ausreise mitnehmen. Da nahm die fast fremde Frau, die selbst eine große Familie zu versorgen hatte, alle Ersparnisse von ihrem Konto und stellte es den - für sie wildfremden Menschen - zur Verfügung. Tatsächlich erreichten die Eltern am 30. August 1939 den sicheren Hafen in England. Paulas Schwester und ihr Mann verließen in dieser Zeit England, da sie ihre Einreisepapiere für Amerika erhalten hatten.
Bei Ausbruch des Krieges wurde Dr. Littler aufgefordert, seine Kenntnisse dem Militär zur Verfügung zu stellen. Er und seine Familie zogen aus Manchester fort und Robert Walter kam zu seinen Eltern, die nur knapp vor Kriegsbeginn nach London entkommen waren, und zu seiner Schwester Paula.
Jeder versuchte nun auf seine Weise, ein Scherflein zum Haushalt beizusteuern. Paula war noch in der Kleiderfabrik und nähte für die Firma „Marks und Spencer, obwohl sie darin keineswegs geschickt war. Zwölf Kleider am Tag waren ihr Soll. Mehr Leistung wurde extra bezahlt. So sann Paula auf einen Trick, stellte die Maschine auf einen breiteren Nähstich ein und ruckzuck waren an diesem Tag viele neue Kleider entstanden. Die Trickserei wurde entdeckt alle Kleider mussten nach genäht werden. An diesem Tag hatte Paula nichts verdient und musste für den entstandenen Schaden aufkommen. Da sie kein Geld besaß, solidarisierten sich ihre Freundinnen mit ihr, jede zahlte einen kleinen Beitrag, bis die fehlende Summe vorhanden war.
Später arbeitete Paula in Manchester als Erzieherin. Diese Arbeit mit kleinen Kindern lag ihr sehr am Herzen. Obwohl sie selbst gerne Kinder gehabt hätte, blieb dieser Wunsch unerfüllt.
Eines Tages, nach dem ersten „Blitz“ (Blitzkrieg), wurde die Familie obdachlos. Man schickte sie in ein Heim der jüdischen Gemeinde. Hier lernte Paula den jungen Mann Heinz kennen. Beide verliebten sich Hals über Kopf ineinander. Als Paula ein bis zwei Wochen nach dem Blitzangriff wieder arbeiten konnte, die Fabrik von Heinz jedoch noch geschlossen war, klopfte er jeden Morgen an die Schlafsaal-Tür

(es gab einen Saal für Frauen und einen für Männer), um Paula in die Firma zu begleiten und er holte sie auch ab. Händchen haltend liefen sie durch die Stadt. Eines Tages wollten sie zu einem Ball gehen. Heinz gefiel ihr Kleid nicht. Um ein neues zu kaufen, sparte sie ihr Fahrgeld und ging über Wochen die Strecke zur Fabrik zu Fuß. Als sie nun endlich einen schönen Stoff kaufen und die Mutter mit der Näharbeit beginnen konnte, war es mit der großen Liebe vorbei.
Paula und ihre Eltern erlebten in England einen schweren Bombenangriff. Die ganze Nacht fielen deutsche Bomben auf die Stadt. Die Engländer waren nicht auf so einen gewaltigen Angriff vorbereitet und viele Häuser besaßen nicht einmal einen Keller als Zufluchtsort. Das Haus, in dem Paula und ihrer Familie wohnte, wurde bei diesem Angriff zwar nicht ganz zerstört, aber unbewohnbar. Manchester wurde von etlichen Bombenangriffen heimgesucht. Paula erinnerte sich jedoch ganz besonders an den „Blitz" auf Manchester kurz vor Weihnachten 1941. Die Industriestadt war für die Feinde ein lohnendes Ziel. Einmal, als sie bei einer Freundin zu Gast war, hatten sie keine Zeit mehr den Schutzkeller aufzusuchen und verbrachten die ganze Nacht auf der Straße und beobachteten, wie die Stadt nach und nach zerstört wurde. Die Eltern und Paulas Bruder haben zum Glück die Nacht in einem Luftschutzkeller überlebt.
Paulas ältere Schwester und deren Mann konnten noch kurz vor Kriegsausbruch nach Amerika gelangen. Ihre Eltern und der Bruder folgten ihnen später. Paula selbst ging nach dem Krieg nach Wien, wo sie in der Presseabteilung der englischen Agentur „British Press Service" arbeitete. Sie übersetzte englische Artikel und verkaufte sie an österreichische Zeitungen. Sie war entsetzt als sie im Januar 1947 Wien als verwüstete Stadt sah. Sie blieb dort bis1960.
Oft besuchte Paula ihre Familie in Bridgeport, Connecticut. Auf einer Reise nach New York, es war im Winter 1961, lernte Paula ihren späteren Mann, Moses Bizberg, kennen, der aus Polen stammte und von seinen Freunden Mietek genannt wurde. Er war Witwer und brachte seinen Sohn Ilan mit in die Ehe. Mit ihnen ging Paula 1961 nach Mexiko, wo ihr Mann in der Textilbranche arbeitete. Bis Mietek 1971 starb, lebte die Familie in Polanco. Dann zog Paula in die Colonia Condesa, wo sie bis zu ihrem Umzug nach Österreich im Jahre 2005 wohnte.

Über viele Jahre arbeitete sie in Mexiko-Stadt in einer Rechtsanwalts- und Patentanwaltskanzlei und war für den deutschen Sprachbereich zuständig. Man sah ihr im Jahre 2000 ihr Alter von 82 Jahre nicht an. Sie arbeitete täglich noch viele Stunden. Abends waren oft noch Lesungen und Computerkurse angesagt. Zu ihrem Stiefsohn Ilan hatte sie ein herzliches Verhältnis. Er war 2000 Soziologie-Professor an einer von Exil-Spaniern gegründeten Universität (Colegio de Mexico) und verbrachte lange Zeitspannen als Gastprofessor an Universitäten verschiedener Großstädte der Welt.
Im Frühjahr 2005 besuchte die nun 86jährige Paula Bizberg ihren Bruder in Wien zu dessen 80. Geburtstag. Sie blieb drei Monate lang in ihrer Geburtsstadt und konnte sich vorstellen, wieder in ihrer alten Heimat zu leben. Im Herbst 2005 brach sie nach 44 Jahren ihre Zelte in Mexiko-Stadt ab, um dem Leben wieder einmal eine neue Wende zu geben. Sie ging dorthin, wo alles seinen Anfang genommen hatte, nach Wien.
Für Paula war das Leben ein Fluss, in dem man schwimmen muss. „Lässt man sich ans Ufer treiben oder begibt man sich freiwillig ans Ufer, ja, dann ist es halt vorbei, dann sitzt man in seinen vier Wänden und wartet auf das Ende“.
Paula Bizberg starb am 29. Oktober 2011 in ihrer Geburtsstadt Wien.

Auszug aus einem Brief von Paula Bizberg:
„*...Seit wann ich weiß, dass ich Jüdin bin, dieses Wissen geht in meine sehr frühe Kindheit zurück. Meine Eltern hatten, wie das in den zwanziger Jahren in Mittelstands-Familien üblich war, ein Kinderfräulein, das sich um uns Kinder kümmerte, während meine Mutter teils in der Fabrik meines Vaters beschäftigt war. Ich habe den Namen dieses Kinderfräuleins, das ich sehr gerne hatte leider vergessen, aber ich weiß, dass eines Tages ihre beiden Brüder kamen und sie holten. Die Brüder waren Deutschnational und wollten nicht, dass die Schwester bei Juden arbeitet. Später beschäftigte meine Mutter ein Kinderfräulein, das in einem jüdischen Waisenhaus aufgewachsen war. Ich mochte sie sehr, aber wenn ich mich heute an ihre Lehren erinnere, so gehörte entschieden dazu, dass man nicht durch sein Judentum auffallen soll. Juden reden mit den Händen. Juden sind meistens Geschäftsleute und wollen immer viel Geld*

verdienen. Als ich nach Mexiko kam stellte ich zu meinem großen Erstaunen fest, dass Mexikaner auch mit den Händen reden. Bis zum heutigen Tage habe ich ein gestörtes Verhältnis zum Geld.

Ich möchte noch eine Frage aufwerfen, bin ich mehr Österreicherin oder mehr Jüdin?
Als Zwölfjährige zeigte ich meinen Verwandten aus der Bukowina Wien. Ihr Lob und ihre Bewunderung machten mir Freude, aber dann sagte ich, ja aber ich bin ja nicht wirklich Wienerin, denn schließlich bin ich Jüdin. Wahrscheinlich und wenn ich darüber nach denke war ich immer heimatlos oder wurzellos, dennoch bin ich wie die meisten Wiener Juden stolz darauf, dass österreichische Juden, egal ob Schnitzler oder Zweig, Maler oder Freud so viel zur österreichischen Kultur beigetragen haben. Gewiss viele große Juden haben sich taufen lassen. Viktor Adler, ebenso wie Kraus oder Gustav Maler. Eigenartig, dieser Wunsch zur Familie der Sieger zu gehören, habe ich auch hier in Mexiko beobachtet. Jeder will spanische Vorfahren gehabt haben und keine indianischen".

Paula Bizberg
in ihrer mexikanischen Wohnung, Foto: Ingrid Decker, im Jahre 2000

Literatur (Gefettete Titel gehören zur Edition Schoáh & Judaica)

Yehuda Bauer, Freikauf von Juden? Verhandlungen zwischen dem national-sozialistischen Deutschland und jüdischen Repräsentanten von 1933 bis 1945. Frankfurt/Main 1996.

Grete Beck Klein, Was sonst vergessen wird – Von Wien nach Schanghai, England und Minsk. Jüdische Schicksale 1918–1945. Konstanz 2000.62

Magnus Brechtken, Madagaskar für die Juden. Antisemitische Idee und politische Praxis 1885–1945. München 1998.

Paul Cerf, "Longtemps j'aurai mémoire". Dokumente von Zeitzeugen über die Juden in Luxemburg während des Zweiten Weltkrieges. Luxemburg 1974.

Danuta Czech, Kalendarium der Ereignisse im Konzentrationslager Auschwitz-Birkenau 1939–1945. Reinbek 1989.

Hans-Ulrich Dillmann, Susanne Heim. Fluchtpunkt Karibik. Jüdische Emigranten in der Dominikanischen Republik. Berlin 2009.

Hilde Domin, Gesammelte autobiographische Schriften. Fast ein Lebenslauf. Frankfurt/M. 2005.

Allen Wills, Tropical Zion. General Trujillo, FDR and the Jews of Sosua. Durham, N.C., 2009.

Wolfgang Hadda, Knapp davongekommen – Von Breslau nach Schanghai und San Francisco 1920–1947. Konstanz 1997.

Winfried R. Garscha, "Holocaust On Trial – The Deportation of the Viennese Jews Between 1941 and 1942 and the Austrian Judiciary After 1945." In: Günter Bischof/Anton Pelinka (Eds.), Austria and the EU. Contemporary Austrian Studies, Volume 10, 2002.

Ioan Gottlieb, Euch werde ich's noch zeigen – Vom Ghetto Baia Mare durch Auschwitz, Mauthausen, Melk und zurück 1929–1945. Aus demRumänischen von Sigrun Andree. Konstanz 2006.

David Guttmann, Schwierige Heimkehr – Leben und Leiden in Ungarn, dann auf der 'Exodus' und zurück über Bergen-Belsen nach Tel Aviv. Jüdische Schicksale 1944–1948. Konstanz 1997.

Raul Hilberg, Die Vernichtung der europäischen Juden. Band 2, Frankfurt/M. 1990.

Marion A. Kaplan, Dominican Haven: The Jewish Refugee Settlement in Sosua. 940–1945. New York, Museum of Jewish Heritage, 2008.

Werner Koch, Deutsche Schicksale. Frankfurt/M. 1992.

Eberhard Kolb, Bergen-Belsen 1943–1945. Göttingen 1986.

Renata Laqueur, Bergen-Belsen Tagebuch 1944/1945. Hannover 1995.

Jerry Lindenstraus, Eine unglaubliche Reise – Von Ostpreußen über Schanghai und Kolumbien nach New York 1929–1999. Konstanz 1999.

Hans Munk, Theresienstadt in Bildern und Reimen. Konstanz 2004.

Felix Hermann Oestreicher, Ein jüdischer Arzt-Kalender – Durch Westerbork und Bergen-Belsen. Konzentrationslager-Tagebuch 1943–1945. Konstanz 2000.

Klára Rajk, Den Kampfgeist nie verloren. Jüdische Schicksale in Ungarn 1910–1999. Konstanz 2000.
Erwin Rath, Glück im Unglück – Von Österreich durch Rumänien, England, Bolivien und Argentinien nach Israel. Konstanz 2006.
Evelyn Pike Rubin, Ghetto Schanghai – Von Breslau nach Schanghai und Amerika. Konstanz 2002.
Hans-Hermann Seiffert, In Argentinien gerettet – in Auschwitz ermordet. Die Schicksale der jüdischen Familien Salomon Guggenheim aus Konstanz und Abraham Guggenheim aus Donaueschingen 1933–1942. Konstanz 2010.
Cara De Silva (Hg.), In memory's kitchen: A legacy from the women of Terezin. Übers. Bianca Steiner Brown. New Jersey 2006.
Rolf Vogel, Ein Stempel hat gefehlt. München/Zürich 1977.
Heide Mirjam Wiehn u. Erhard Roy Wiehn, Dajenu – Tagebuch einer Israelreise. Konstanz 1986, 2. Auflage Konstanz 1987.
Eckart Wossidlo, "Vorstellung des Buches Mexiko, das wohltemperierte Exil. März 1996." In: Anuario del Instituto de Investigaciones Interculturales Germano-Mexicanas A.C., Vol. V., 1996–1998. Herausgegeben von. Dra. Renata von Hanffstengel
David S. Wyman, Das unerwünschte Volk. Amerika und die Vernichtung der europäischen Juden. Frankfurt/Main 2000.

Emigrantenschiffe in Lissabon (Foto: Museo de la Comunidad Judía de Sosúa)

Ingrid Decker
wurde nach dem Krieg 1945 im niederrheinischen Rheydt geboren; ihre Kindheit und Jugend verbrachte sie in ihrer Geburtsstadt. Nach einer kaufmännischen Ausbildung in Rheydt arbeitete sie einige Jahre in Düsseldorf und Hamburg im Verlagswesen. Von Hamburg aus zog es sie in die Welt, ihre erste Station war Süd-Afrika, wo sie ihren späteren Ehemann kennenlernte, der dort für ein deutsches Unternehmen tätig war. Gemeinsam mit ihrem Mann und ihren beiden Töchtern verbrachte sie viele Jahre in den verschiedensten Ländern der Erde. (Südafrika, Spanien, Puerto Rico, Mexiko). Vor allem während der fünf Jahre in Mexiko widmete sie sich intensiv den Alten Kulturen Meso-Amerikas, außerdem beschäftigte sie sich mit dem außergewöhnlichen Leben der Malerin Frida Kahlo. Ein weiteres wichtiges Thema war für sie das jüdische Exil in Mexiko. Nach knapp 30 Jahren Auslandsaufenthalt lebt Ingrid Decker heute mit ihrem Mann in einer kleinen Stadt am Rande des Schwarzwalds. Sie ist die Verfasserin der Bücher:

Frida Kahlo: Ihre Wurzeln in Baden-Baden. Eine persönliche Annäherung. Baden-Baden 2007. Aquensis-Verlag
Totenkult in Mexiko, 2015 erneut aufgelegt. Aquensis-Verlag
Rheydt im Rückblick. Norderstedt 2020
Die Azteken (Mexica). Eine persönliche Annäherung an die mexikanische Geschichte. Nicht veröffentlicht.
Das ungerecht verteilte Paradies, ein Buch über die Apartheid in Süd-Afrika. Norderstedt 2018

Dr. phil. Marie-Elisabeth Rehn
(*1951, + 2024) hat in Beer Schewa/Israel und Zürich studiert. Die einstige Journalistin und promovierte Volkskundlerin hat im Buch "Heider Gottsleider" den NS-Alltag in ihrer Geburtsstadt Heide beschrieben und zur Veröffentlichung einer Reihe von Zeitzeugenberichten über das Dasein von Minderheiten in

Deutschland beigetragen. Sie war Mitarbeiterin der Edition Schoáh & Judaica (für die Bücher der Autorinnen und Autoren Jehuda Beiles, Hedwig Brenner, Ingrid Decker, Louis Dreyfuss, Sidi Gross, Jack Heinz Honig, Zwi Helmut Steinitz) und hat in der Edition folgende eigene Veröffentlichungen:

(mit Erwin Rehn) **Die Stillschweigs**. Von Ostrowo über Berlin und Peine nach Heide in Holstein bis zum Ende in Riga, Theresienstadt und Auschwitz. Eine jüdische Familiensaga 1862 1944. Konstanz 1998.
Juden in Norderdithmarschen im Spiegel von Niederlassungsgesuchen des 19. Jahrhunderts. Konstanz 2000.
Juden in Friedrichstadt. Die Vorstandsprotokolle der Israelitischen Gemeinde von 1802 1860. Konstanz 2001.
Juden in Süderdithmarschen. Fremde im eigenen Land Holstein 1799 1858. Konstanz 2003, 2. Auflage 2023
Hugo Schriesheimer. Ein jüdisches Leben von Konstanz durch das KZ Dachau, das französische Internierungslager Gurs, das Schweizer Asyl und die USA nach Kreuzlingen 1908-1989. Konstanz 2011
Der Baron vom Konstanzer Hauptzoll - The Baron of the Main Customs in Constance. Salomon Picard und seine Söhne - Salomon Picard and his sons. 1885-1974.
ISBN 978-3-86628-794-5

Dr. Drs. h.c. Erhard Roy Wiehn, M.A.
Professor (em.) im Fachbereich Geschichte und Soziologie der Universität Konstanz; Veröffentlichungen vor allem zur Schoáh & Judaica (siehe Internet und Wikipedia)

1. Aufl. 2020, 162 Seiten.
ISBN 978-3-7504-7500-7
als Softcoverbuch € 13,99
als ebook € 5,49

Ingrid Decker, die viele Jahre in fernen, fremden Ländern verbracht hat, war in Südafrika, viele Jahre in Lateinamerika und Spanien zu Hause. Seit langem hatte sie Freunde in Israel und den USA, mit denen sie - bis zu deren Tod - in regem Kontakt und enger Verbindung stand.

Überall begegneten ihr Menschen, die während der Herrschaft der Nationalsozialisten Deutschland verlassen mussten, weil sie Juden waren, deren Schicksal der Vernichtungswahn der Nationalsozialisten geprägt hat. Sie hat ihnen aufmerksam zugehört und hat im oben abgebildeten Band versucht, diese Einzelschicksale so zusammenzufassen, dass für sie persönlich einige weiße Flecken in der Vergangenheit ihres Heimatortes Rheydt mit Leben gefüllt werden konnten. Das oben genannte Buch ist eine sehr private Auseinandersetzung mit dem Thema 'Heimat' und 'Holocaust'.

www.ingramcontent.com/pod-product-compliance
Lightning Source LLC
LaVergne TN
LVHW010433230826
846092LV00009BA/1152

* 9 7 8 3 8 6 6 2 8 3 6 4 0 *